中国社会科学院国情调研特大项目"精准扶贫精准脱贫百村调研"

精准扶贫精准脱贫百村调研丛书

CASE STUDIES OF TARGETED POVERTY REDUCTION AND
ALLEVIATION IN 100 VILLAGES

李培林／主编

精准扶贫精准脱贫
百村调研·杨家山村卷

武陵山深处的脱贫之路

陈冬红　等／著

社会科学文献出版社

SOCIAL SCIENCES ACADEMIC PRESS (CHINA)

中国社会科学院国情调研特大项目
"精准扶贫精准脱贫百村调研"
项目协调办公室

主　任：王子豪
成　员：檀学文　刁鹏飞　闫　珺　田　甜　曲海燕

总　序

　　调查研究是党的优良传统和作风。在党中央领导下，中国社会科学院一贯秉持理论联系实际的学风，并具有开展国情调研的深厚传统。1988 年，中国社会科学院与全国社会科学界一起开展了百县市经济社会调查，并被列为"七五"和"八五"国家哲学社会科学重点课题，出版了《中国国情丛书——百县市经济社会调查》。1998 年，国情调研视野从中观走向微观，由国家社科基金批准百村经济社会调查"九五"重点项目，出版了《中国国情丛书——百村经济社会调查》。2006 年，中国社会科学院全面启动国情调研工作，先后组织实施了 1000 余项国情调研项目，与地方合作设立院级国情调研基地 12 个、所级国情调研基地 59 个。国情调研很好地践行了理论联系实际、实践是检验真理的唯一标准的马克思主义认识论和学风，为发挥中国社会科学院思想库和智囊团作用做出了重要贡献。

　　党的十八大以来，在全面建成小康社会目标指引下，中央提出了到 2020 年实现我国现行标准下农村贫困人口脱贫、贫困县全部"摘帽"、解决区域性整体贫困的脱贫攻坚目标。中国的减贫成就举世瞩目,如此宏大的脱贫目标世所罕见。到2020年实现全面精准脱贫是党的十九大提出的三大攻坚战之一,是重大的社会目标和政治任务,中国的贫困地区在此期间也将发生翻天覆地的变化,而变化的过程注定不会一帆风顺或云淡风轻。记录这个伟大的过程,总结解决这个世界性难题的经验,为完成这个攻坚战献计献策,是社会科学工作者应有的责任担当。

2016年,中国社会科学院根据中央做出的"打赢脱贫攻坚战"战略部署,决定设立"精准扶贫精准脱贫百村调研"国情调研特大项目,集中优势人力、物力,以精准扶贫为主题,集中两年时间,开展贫困村百村调研。"精准扶贫精准脱贫百村调研"是中国社会科学院国情调研重大工程,有统一的样本村选择标准和广泛的地域分布,有明确的调研目标和统一的调研进度安排。调研的104个样本村,西部、中部和东部地区的比例分别为57%、27%和16%,对民族地区、边境地区、片区、深度贫困地区都有专门的考虑,有望对全国贫困村有基本的代表性,对当前中国农村贫困状况和减贫、发展状况有一个横断面式的全景展示。

在以习近平同志为核心的党中央坚强领导下,党的十八大以来的中国特色社会主义实践引导中国进入中国特色社会主义新时代,我国经济社会格局正在发生深刻变化,脱贫攻坚行动顺利推进,每年实现贫困人口脱贫1000多万人,贫困人口从2012年的9899万人减少到2017年的3046万人,在较短时间内实现了贫困村面貌的巨大改观。中国社会科学院组建了一百支调研团队，动员了不少于 500 名科研人员的调研队伍，付出了不少于 3000 个工作日，用脚步、笔尖和镜头记录了百余个贫困村在近年来发生的巨大变化。

根据规划，每个贫困村子课题组不仅要为总课题组提供数据，还要撰写和出版村庄调研报告，这就是呈现在读者面前的"精准扶贫精准脱贫百村调研丛书"。为了达到了解国情的基本目的，总课题组拟定了调研提纲和问卷，要求各村调研都要执行基本的"规定动作"和因村而异的"自选动作"，了解和写出每个村的特色，写出脱贫路上的风采以及荆棘！对每部报告我们都组织了专家评审，由作者根据修改意见进行修改，直到达到出版要求。我们希望，这套丛书的出版能为脱贫攻坚大业写下浓重的一笔。

中共十九大的胜利召开，确立习近平新时代中国特色社会主义思想作为各项工作的指导思想，宣告中国特色社会主义进入新时代，中央做出了社会主要矛盾转化的重大判断。从现在起到 2020 年，既是全面建成小康社会的决胜期，也是迈向第二个百年奋斗目标的历史交会期。在此期间，国家强调坚决打好防范化解重大风险、精准脱贫、污染防治三大攻坚战。2018 年春节前夕，习近平总书记到深度贫困的四川凉山地区考察，就打好精准脱贫攻坚战提出八条要求，并通过脱贫攻坚三年行动计划加以推进。与此同时，为应对我国乡村发展不平衡不充分尤其突出的问题，国家适时启动了乡村振兴战略，要求到 2020 年乡村振兴取得重要进展，做好实施乡村振兴战略与打好精准脱贫攻坚战的有机衔接。通过调研，我们也发现，很多地方已经在实际工作中将脱贫攻坚与美丽乡村建设、城乡发展一体化结合在一起开展。可以预见，贫困地区的脱贫攻坚将不再只局限于贫困户脱贫，我们有充分的信心从贫困村发展看到乡村振兴的曙光和未来。

是为序！

全国人民代表大会社会建设委员会副主任委员

中国社会科学院副院长、学部委员

2018 年 10 月

前　言

　　改革开放以来，中国经济发展取得了举世瞩目的成就，但发展不充分不平衡问题凸显，已成为新时代面临的主要矛盾。"贫困是收入不平等的主要表现形式，古今中外的众多事实证明，市场无法解决不平等问题，所以政府干预是必须的。"中国大扶贫的最大特点就是党的领导和政府主导，从国家"八七"扶贫攻坚计划到目前全面开展的脱贫攻坚，中国的扶贫开发经历了不同的阶段，扶贫瞄准单元和目标靶向不断向精准化过渡。党的十八大以来，脱贫攻坚成为中国全面建成小康社会的底线任务和标志性指标，纳入"五位一体"总体布局和"四个全面"战略布局，以前所未有的力度推进——提出精准扶贫、精准脱贫理念。作为当前扶贫开发的核心理念，精准扶贫、精准脱贫的提出为当前中国农村的反贫困指出了新的方向。中国共产党提出的精准扶贫政策，使脱贫攻坚战取得了决定性进展，每年减贫 1300 万人以上，6000 多万贫困人口稳定脱贫，贫困发生率从 10.2% 下降到 4% 以下，中国减贫脱贫成就举世瞩目，书写了人类反贫困斗争史上"最伟大的故事"。党的十九大报告提出，重点攻克深度贫困地区脱贫任务，确保到 2020 年我国现行标准下农村贫困人口实现脱贫，贫困县全部摘帽，解决区域性整体贫困，做到脱真贫、真脱贫。我国 2020 年全面建成小康，意味着将提前 10 年完成联合国提出的"2030 年可持续发展议程"，这是对世界减贫进程的重大贡献，更是人类社会里程碑式的成就。

在国家"十三五"规划纲要第十三篇中以脱贫攻坚为主题，从扶贫的基本方略、工作方式和支撑体系三部分开展工作，提出了超常规措施，加大扶贫攻坚力度，再次体现了党和国家对扶贫攻坚的决心和信心。然而，在扶贫工作中，民族地区由于民族构成的多元化和复杂性、地理位置偏远和生态环境脆弱等客观条件的限制，成为扶贫工作中更为特殊的地区，凸显了民族地区扶贫工作的紧迫性和重要性，实现各民族共同繁荣，要求解决"老、少、边、穷"连片特困地区的贫困问题。

我国少数民族地区往往是贫困相对集中之地，贫困面大，贫困程度较深，是我国经济社会发展的短板和痛点，更是精准扶贫攻坚的主战场。据统计，7000 万贫困人口中少数民族贫困人口约为 5000 万人，少数民族地区的贫困是全面建成小康社会的难点和瓶颈所在。为此，国家"十三五"规划纲要明确指出，把加快少数民族地区发展摆到更加突出的战略位置，加大财政投入和金融支持力度，改善基础设施条件，提高基本公共服务能力。我国集中连片特困地区，特别是少数民族地区，扶贫开发任务十分艰巨，亟待紧随当前全面深化改革的步伐，在少数民族地区有针对性地实施精准扶贫工程。

本课题选取恩施土家族苗族自治州（简称"恩施自治州"）杨家山村为研究案例，经过长达两年多的深入调查，力求摸清情况，分析原因，把握内在规律，形成政策建议调研报告，经多方征求意见和专家审读后呈现出来，以期为破解扶贫攻坚难题提供借鉴和启发。恩施土家族苗族自治州位于我国湖北省西南部，湘、鄂、渝三省（市）交会处，是典型的少数民族聚居地区，地处我国 14 个集中连片特困地区的武陵山区。武陵山区片区区域发展与扶贫攻坚规划指出，2010 年，农民人均纯收入 3499 元，仅相当于全国平均水平的 59.1%。按国家统计局测算结果，2009 年农民人均纯收入低于 1196 元的贫困人口 301.8 万人，贫困发生率 11.21%，比全国高 7.41 个百分点。《中国农村扶贫开发纲要（2001~2010 年）》实施期间，武陵山区片区共确定 11303 个贫困村，占全国的 7.64%。作为湖北省唯一被纳入西部大开发的少数民族自治州，恩施自治州八个市县全部属于国定的湖北省扶贫开发重点县，因此，也是武陵山区集中连片贫困地区扶贫攻坚的主战场。到 2014 年底，恩施全州还有 92 万人生活在贫困线以下，让贫困群众早日脱贫，成为亟待破解的难题。

　　2016 年 11 月至 2017 年 6 月，中国社会科学院数量经济与技术经济研究所精准扶贫精准脱贫课题组将其作为中国社会科学院国情调研特大项目重点课题，深入恩施市屯堡乡杨家山村，先后三次入村调研，走村串户，面对面访谈，仔细了解，并采取专题座谈、专项调查、抽样调查和实地考察等方法，重点开展了为期三周的驻村调研。为了更好吃透情况，使研究结论更具参考价值，课题组不仅对湖北省、恩施州和恩施市等宏观发展环境做了全面了解，而且对屯堡乡近年来经济、社会发展状况，特别是杨家山村精准扶贫脱贫情况、减贫成效、精准识别、精准帮扶、扶贫资金使用等具体细节和过程进行了实地调研考察。课题组通过入户问卷调查方式，在恩施市屯堡乡杨家山村抽取 62 户（约占全村总户数的 4%）进行问卷调查，覆盖人口 246 人，约占全村人口的 5%。其中，贫困户 46 户，占全村贫困户的 12.3%，共计 180 人，占 2016 年全村贫困人口的 17%；非贫困户 16 户，共计 66 人。入户调查重点对杨家山村精准扶贫的方式、路径及具体做法，精准扶贫政策措施落实情况，扶贫开发工作存在的困难及问题、具体对策及成效，以及村民对国家相关政策措施的意见、看法及建议等内容进行了实地入户走访和问卷调查，并基于对恩施杨家山村精准扶贫脱贫实施状况的调研，梳理目前在杨家山村已采取的扶贫措施和存在的问题，总结少数民族特困山区精准扶贫开发的成功经验和教训，探讨集中连片少数民族贫困地区未来改进与完善精准扶贫政策的方向。

本书共九章，各章内容如下：第一章贫困与我国扶贫实践，主要介绍我国精准扶贫发展进程以及精准扶贫精准脱贫的实际内涵；第二章杨家山村所处区域发展状况，主要介绍相关区域总体发展环境影响；第三章杨家山村经济社会发展状况；第四章杨家山村及所在区域贫困现状；第五章杨家山村贫困状况及致贫原因；第六章杨家山村精准扶贫的方式和路径；第七章杨家山村精准扶贫精准脱贫工作管理及成效；第八章杨家山村精准扶贫精准脱贫经验总结；第九章杨家山村精准扶贫精准脱贫的政策建议。

目　录

第一章

贫困与我国扶贫实践

贫困不仅是一种经济现象，也是一种文化现象、社会问题和政治问题，缓解和消除贫困，是全人类共同面临的严峻挑战。在 2000 年举行的国际千年首脑会议上，世界各国领袖一致认为，建立强大的国际伙伴关系对于实现千年发展目标极其重要。联合国发展峰会制定的全球 2030 年可持续发展议程，把消除绝对贫困作为首要目标——在未来 15 年内彻底消除极端贫困，将每天收入不足 1.25 美元的人数降至零。然而，目前，世界上还有 10 亿人生活在贫困线以下，贫困人口占全球人口的 1/5。未来减贫对全球而言，仍是一道艰巨的考题，为此，世界各国始终把扶贫放在重中之重的位置，积极倡导反贫困战略。

第一节　关于贫困的一般理论

一　贫困的定义

对于贫困的界定历来都是一个相当复杂的问题，贫困是一个极为复杂的概念，它涉及经济、社会、历史、文化、心理、生理等多方面问题，在不同的时间、不同的阶段或不同的地域等都有着不同的表现。

最初人们对于贫困的认识主要局限于避免饥饿和营养不良这一贫困内核。1901年，英国学者布什（C.Booth）和朗特里（S. Rowntree）开始用收入来定义英国的贫困。朗特里在《贫困：城镇生活研究》一书中提出："如果一个家庭的总收入不足以维持家庭人口基本的生存活动要求，那么这个家庭就基本上陷入了贫困。"1963年，美国经济学家欧桑斯基（Mollie Orshansky）开始用收入来定义美国的贫困。早期的贫困定义将视野局限于物质生活，基本都围绕最基本的生存资料论述。这种生存意义上的定义是基于经济学的解释，以收入或者说物质财富来评判是否处于贫困状态。此后，随着贫困研究的深入，关于贫困的定义越来越多，认为贫困不仅是经济问题，还有社会和个人等多方面问题。同时，贫困在不同的社会背景下具有不同的含义。从20世纪80年代后期到90年代末，健康、教育等因素也被纳入。阿玛蒂亚·森（Amartya Sen）提出，贫困是指对人类基本能力和权利的剥夺，而不仅仅是收入缺乏。联合国开发计划署对其定义略有不同，认为贫穷是无法获得人类发展的福利与权利，表现形式是对生活的多方面剥夺。当然，其本质依旧是个人能力的缺乏与被剥夺和社会权利的缺失。不同的视角对贫困有不同的定义，归纳起来大致有收入贫困、能力贫困和人文（权利）贫困三种说法。

（一）收入贫困说

世界银行在 1980 年定义："当某些人、家庭、群体没有足够资源去获得他们所在的社会承认的，一般能够享受到的饮食、生活条件与参加某些活动的机会，就是贫困。"这个定义将贫困线的标准定义为"所处的社会公认基础水平"，这让贫困具有很强的文化与地域属性。收入贫困可以分为绝对贫困和相对贫困。绝对贫困也叫生存贫困，是指在一定社会生产方式和生活方式下，个人和家庭维持生存所需最低生活必需品的匮乏。"贫困是经济、社会、文化落后的总称，是由低收入造成的缺乏生活必需的基本物质和服务以及没有发展的机会和手段这样一种生活状况。"[1] 相对贫困，是相对于社会正常生活水平而言的，是指个人或家庭拥有的资源，虽然可以满足基本生活需要，但是未达到社会的平均生活水平，通常只能维持远远低于平均生活水平的状况。[2]

---

[1]　童星、林闽钢:《我国农村贫困标准线研究》,《中国社会科学》1994 年第 3 期。

[2]　郭熙保、罗知:《论贫困概念的演进》,《江西社会科学》2005 年第 11 期。

（二）能力贫困说

世界银行在 1990 年的《世界发展报告》中将贫困定义为"缺少达到最低生活水准的能力"。对印度和秘鲁的研究表明，许多在教育、健康等方面能力贫困的人口并不存在收入贫困。能力贫困说得到 1998 年诺贝尔经济学奖获得者阿玛蒂亚·森的积极支持。一个人的能力包括许多方面，诸如健康、教育等，它们都会对个体生活状况产生重大影响，森认为个人能力决定了其收入水平，"贫困不是人们拥有资源的集合，而是他们为满足其基本需要而有效运用的资源的集合。"他在《以自由看待发展》和《贫困与饥荒》中指出，贫困不是单纯的贫困人口收入低的问题，也不是因为社会上缺乏足够满足人们需要的资金和资源，而是因为贫困人口没有能力（如良好的教育和健康）来换取其所需要的食品（或资源），更应看作是对人基本可行能力的剥夺。[①] 舒尔茨于 1960 年发表了《人力资本投资——一个经济学家的观点》，提出一个著名的观点："经济发展主要取决于人的质量，而不是自然资源的丰瘠或资本存量的多寡。"

（三）权利贫困说

Valentine（1968）认为"贫困的本质在于不平等"，这种理解在某种程度上对贫困概念进行了延展。自 20 世纪 90 年代起，经济学家开始将脆弱性、无话语权、无权

---

① Sen, A. K., Inequality Re-examined, New York: Russell Sage Foundation, 1992.

无势、社会排斥等引入贫困概念，逐渐将贫困的概念扩展到权利贫困，由此权利贫困说得到越来越多人的认可。如坎伯尔和斯奎尔指出，"贫穷的概念已经进一步发展到一种对脆弱性与风险的关心，对没有权利与发言权的担心"。

所谓"权利贫困"是指一批特定的群体和个人因本应享有的政治、经济、文化权利和基本人权的缺乏而陷入贫困。① 一些国际组织也越来越认同权利贫困说，如世界银行于2001年对贫困定义作了进一步发展，《2000/2001年世界发展报告：与贫困作斗争》指出，"贫困不仅意味着收入低微和人力发展不足，还意味着健康状况差、受教育权利缺失，包括缺少发言权、权利和被社会排斥在外，人对外部冲击的脆弱性，即无权、脆弱、恐惧"。② 新补充的定义有两层含义：一是脆弱感，对风险和波动的担心，关于这一点特别精准到"贫穷不仅是一无所有的状态，而且是一人仅有的一点东西也很容易失去"；二是政治权力缺乏，即没有话语权和经济边缘化，这种边缘化也必将导致其更难享受到社会进步的福利。国内如林闽钢、曲锡华、左齐秉承相似观点，即"贫穷是缺乏基本物质和发展机会与手段"并且将是"恶性循环"。

---

① 　郭熙保：《论贫困概念的内涵》，《山东社会科学》2005年第12期。
② 　世界银行：《2000/2001年世界发展报告：与贫困作斗争》（中文版），中国财政经济出版社，2001。

二 贫困分析的一般理论

英国社会学家 Kerbo（1996）将贫困理论分类，并概括了各个主题的不同方面。

（一）社会达尔文主义贫困理论

社会达尔文主义贫困理论是社会学里出现的第一个关于贫困的理论。该理论试图根据穷人自身的行为和态度来解释贫困的存在。穷人之所以穷，是因为他们不努力工作，他们将钱用在赌博、酗酒和不必要的奢侈品上，并且他们的家庭生活混乱无序。

（二）文化贫困理论

Oscar Lewis 发展了文化贫困理论。文化贫困是在某些条件下发展起来的，具有特定的综合症状。这种文化要求有现金交易、高失业率、低工资水平和员工缺乏技能的经济环境。另外，这种状态中缺乏志愿者和政府的支持，家庭也不稳定。因此，低收入群体发展了一种贫困的文化以对抗中产阶级积累起来的主流意识。贫困阶层在整个社会处于边缘，这种处境无法为他们提供任何发展的希望。正因为如此，为了生存，穷人不得不发展属于其的机制。穷人拥有共同的与一般文化不同的价值、道德和行动模式，他们的生活方式和特殊的非主流文化导致了他们的贫穷。

（三）贫困情景理论

贫困情景理论认为，穷人行为之所以与中产阶层不一样，是因为他们没有能够像中产阶层一样生活的资源和机会。他们在教育、就业、健康卫生等方面没有好的机会，贫困的结构状态导致了他们穷困的现状。情景理论认为，个人会理性地选择行为模式，以适应他们的目标生活状态。因此，基于该视角，穷人之所以不认同中产阶层的价值观，是因为他们知道其达不到中产阶层所达到的目标。

三 贫困标准

用于全球贫困测量的标准有三类：收入标准、人类发展指数和多维贫困指数，是目前反映人类贫困最为成熟的方法。1981年，世界银行开始对各发展中国家进行消费和收入贫困测算。1990年，联合国开发计划署《人类发展报告》第一次公布了人类发展指数（HDI），以阿玛蒂亚·森的能力方法理论为基础，从人类发展的视角定义和测量贫困。2010年，联合国开发计划署《人类发展报告》第一次公布了基于Sabina Alkire等测量的多维贫困指数（MPI），拓展了人类发展理论对贫困的测量。到目前为止，我们可以把全球广泛使用的测量贫困的标准分为收入标准、人类发展指数、多维贫困指数三类。本书将系统地介绍这三类标准，并分析根据这三类标准测算出的全球贫困状况。

（一）收入标准

一般来讲，贫困可以根据收入来衡量。如果一个人不能满足其基本需要，则这个人可被视为穷人，这个最低线可称为"贫困线"。世界银行收集了33个国家（包括发展中国家和发达国家）的贫困线，利用这33个国家贫困线数据，按照1985年购买力平价（PPP）对这些国家的贫困线进行货币单位的调整，将每人每天1美元的绝对收入标准确定为可以用于全球比较的贫困线。[1]这是迄今为止进行贫困国际比较的最重要的尺度之一。这个标准把贫困定义为物质生活，强调物质和收入的绝对数量。2008年，世界银行根据75个国家（包括转型国家）的贫困线数据以及2005年购买力平价（PPP），对1天1美元贫困线进行了重新修订。根据这次估算，15个最不发达国家贫困线的平均数为1.25美元/天。

（二）人类发展指数（HDI）

传统的以人均GDP衡量一个国家的发展、以人均消费或收入衡量个人或家庭的贫困都存在很大的缺陷。只强调了收入是减贫的手段，而忘记了发展这一真正目的。基于这一思想，联合国开发计划署设计了人类发展指数（HDI）。人类发展指数（HDI）是对人类发展情况的一种总体衡量。它从人类发展的三个基本维度衡量一国取得的

---

[1]   Ravallion M., G. Datt, D. van de Walle, "Quantifying the Magnitude and Severity of Absolute Poverty in the Developing World in the Mid-1980s," World Development Report, WPS 587, 1991.

平均成就，分别是健康、教育和收入。健康用出生时预期寿命计算，教育用平均受教育年限和预期受教育年限计算，收入用人均国民生产总值（GNI）计算。

HDI 在计算时假定每个维度的分布不存在不平等，但事实并不如此，因此，HDI 可以认为是潜在的人类发展指数，即一种理想状态。为了真实地反映各国的人类发展水平，需要对每个维度的分布进行不平等调整。对不平等进行调整后的人类发展指数用 IHDI 表示。

（三）多维贫困指数（MPI）

任何单一维度的贫困测量与贫困本身是多维度的是不匹配的。即使收入是多维贫困的一个很好的代理变量，但是仅仅用收入不足以反映其他方面的剥夺和社会排斥。多维贫困源于阿玛蒂亚·森的能力方法理论，是指穷人遭受的剥夺是多方面的，例如健康较差、缺乏教育、不充足的生活标准、缺乏收入、缺乏赋权、恶劣的工作条件以及来自暴力的威胁。Alkire 和 Foster 认为，与能力方法相关的多维贫困测量能够提供更加准确的信息，便于减少人们的能力剥夺。[1] 多维贫困指数（MPI）包括三个维度，即健康、教育和生活标准，共 10 个指标。其中，健康维度包括营养和儿童死亡率 2 个指标，教育维度包括受教育年限和入学儿童 2 个指标，生活标准维度包括做饭使用的燃料、

---

① Alkire, S. and Foster, J. E., "Counting and Multidimensional Poverty Measures," OPHI Working Paper 7, Oxford Poverty and Human Development Initiative, University of Oxford, 2007.

厕所、饮用水、电、室内地面、耐用消费品 6 个指标。这三个维度 10 个指标识别了家庭层面的叠加剥夺，反映了贫困人口平均受剥夺的人数以及贫困家庭中所遭受的剥夺维度。在目前《人类发展报告》公布的 MPI 的 10 个指标中存在任意 3 个指标的剥夺，即认定这个人或家庭为多维贫困。以此，可以计算多维贫困发生率。多维贫困强度是指多维贫困人口所遭受剥夺的平均百分比。[①]

　　人类发展指数是对收入贫困测量的重要补充，但仅仅包括收入、健康和教育三个维度，这与森提出的影响人类发展的许多基本可行能力相比，还远远不够。从多维度测量贫困，能够使公共政策找到优先干预的领域。多维贫困测量是对收入贫困测量的一个重要补充，而不是代替。

第二节　我国精准扶贫发展进程

　　扶贫济困，保障民生，实现人的自由全面发展，是社会主义的价值追求。而精准扶贫则是关乎中国政治稳定、经济发展与社会民生等诸多方面的现实问题。在国家"十三五"规划制定和实施的背景下，全面建成小康社会既是中国承担的历史使命，也是亟待解决的时代课

①　UNDP:《2010 年人类发展报告》，2010。

题。新中国成立以来，我国政府一直致力于减贫事业，尤其是改革开放三十多年来，我国扶贫工作不仅在国内取得了显著成效，而且为全世界减贫事业做出了突出贡献。改革开放以来，我国先后实施《国家八七扶贫攻坚计划（1994~2000 年）》《中国农村扶贫开发纲要（2001~2010年）》《中国农村扶贫开发纲要（2011~2020 年）》，扶贫思路和扶贫方式不断创新。尤其是党的十八大以来，实施精准扶贫、精准脱贫，开创了扶贫工作的新局面。

改革开放以来，中国农村扶贫开发事业取得了举世瞩目的成就。其间，国家扶贫开发战略经历了改革扶贫（1978~1985 年）、开发扶贫（1986~1993 年）、攻坚扶贫（1994~2000 年）、定点扶贫（2001~2010 年）、精准扶贫（2011 年至今）五个阶段，这是一个漫长的一以贯之、与时俱进和动态调整的过程，扶贫思路也实现了由"救济式"到"开发式"，"道义式""运动式"到"制度式"的转变。精准扶贫是对过去扶贫开发工作的延伸，呈现了当代扶贫开发的基本景观。

一 改革扶贫（1978~1985 年）

20 世纪 80 年代中期，农村地区特别是老少边穷地区的经济、社会和文化发展水平落后于沿海发达地区。据统计，1985 年我国农村的贫困人口大多集中分布在东部的沂蒙山区、闽西南、闽东北，东北部的努鲁尔虎山区，中部的太行山区、吕梁山区、秦岭大巴山区、武陵山区、大别山区、井冈山区和赣南地区，西部的定西干旱区、西海固地区等。因此，政府在扶贫过程中确定了 18 个集中连片贫困地区，针对各地区贫困特点开展相应的扶贫工作。

二 开发扶贫（1986~1993 年）

1986 年，国务院扶贫和开发领导小组正式成立，致力于协调大型的农村扶贫计划。与此同时，大部分贫困省、市、县也相应成立扶贫领导小组，进而全力推进农村扶贫。自此，我国农村扶贫开始转入有计划、有组织的大规模开发式扶贫——确定开发式扶贫方针、成立专门扶贫机构、制定专门优惠政策、安排专项扶贫资金、核定贫困县、目标瞄准特定地区和人群等，标志着我国政府由原来的"道义式"扶贫转向"制度式"扶贫，从此，政府的扶贫工作便有了制度保障和相应的政策指导。此阶段的扶贫工作主要是坚持以项目为中心，国家的扶贫资金跟着项目走，扶贫工作的重心是项目的申报和审批，为此，政府针对贫困县安排了多种专项扶贫投资——为贫困对象的生产活动提供信贷支持的专项扶贫贷款、利用贫困地区剩余劳动力建设基础设施的以工代赈、用于生产性建设工程和科教文卫等事业的财政发展资金等。经过八年的不懈努力，国家重点扶持贫困县农民人均纯收入从 1986 年的 206 元增加到 1993 年的 483.7 元；农村贫困人口由 1.25 亿减少到 8000 万，平均每年减少 640 万人，年均递减 6.2%；贫困人口占农村总人口的比重从 14.8% 下降到 8.7%。^① 开发式扶贫是对改革之初体制改革推动减贫阶段分散救济式扶贫的改革与调整，更加强调增加贫困者自身的发展能力。建立在自力更生基础上的开发式扶贫原则，从确立至今一直是中国政府农村扶贫方针的核心内容。政府部门采取的开发式扶贫举措丰富而系统，包括产业扶贫、贫困地区劳动力转移培训、易地扶贫搬迁、以工代赈、金融扶贫、科技扶贫、整村推进扶贫等。

三 攻坚扶贫（1994~2000 年）

1994 年起国务院公布实施《国家八七扶贫攻坚计划（1994~2000 年）》，力争用 7 年时间基本解决 8000 万贫困人口的温饱问题。随着扶贫工作进入新阶段，贫困人口不断出现新变化、呈现新特征，工作难度也在不断加大。

四 定点扶贫（2001~2010 年）

为解决新问题，2001 年党中央、国务院颁布了《中国农村扶贫开发纲要（2001~2010 年）》（以下简称《纲要》），明确提出扶贫的继续奋斗目标、基本方针、对象与重点、内容和途径以及政策保障。《纲要》实施五年

---

① 《中国的农村扶贫开发（白皮书）》，国务院扶贫开发领导小组办公室网站，2006 年 3 月 3 日。

来，全国农村贫困人口数量持续下降，农民收入稳步提高，2005年底，全国农村没有解决温饱的贫困人口减少到2365万，低收入贫困人口减少到4067万。十六大之后，根据经济社会发展的新形势，党中央提出贯彻落实科学发展观，实施统筹发展战略。在农村扶贫开发领域，一个集行业政策、区域政策和社会政策于一体的"大扶贫"格局逐步形成，农村扶贫开发不断取得新的进展并积累了丰富的实践经验。

实施包容性经济增长。经济增长能为减贫提供物质基础，为贫困人口提供更多更好的就业机会，为他们创造收入来源。当然，有的贫困问题能由经济增长过程和市场机制加以缓解，有的不仅不能，反而会因市场机制而强化。

党的十六大之后，中央启动以减轻农民负担为目的的农村财政体制改革，这是以统筹发展的思路，在财税领域推动农村发展的开始。实施农村税费改革，取消全国农业税费、全面推行农业保护政策，确立科学合理的县乡财政转移支付制度，加大农村公共产品和社会保障事业投入，不断加大强农惠农力度。国家在农村的这些普惠性政策使农民得以分享经济发展的成果，提高了经济增长的包容性，为农村减贫提供了制度和政策保障。党的十七大提出了到2020年基本消除绝对贫困现象的目标。《国民经济和社会发展第十二个五年规划纲要》将"显著减少贫困人口"列为"十二五"时期的一个奋斗目标。

五　精准扶贫（2011 年至今）

在党中央、国务院审议通过并即将颁布实施的《中国农村扶贫开发纲要（2011～2020 年）》（以下简称《新纲要》）中，集中连片特困地区被作为新十年扶贫开发工作的主战场，国家扶贫政策将迈出区域统筹的一步；在行业政策上，《新纲要》中各行业部门均在本部门工作中明确了具体的指标，加强了行业扶贫政策的实施力度，更加注重从行业统筹解决多维贫困问题。《新纲要》规定扶贫开发的目标为："到 2020 年，稳定实现扶贫对象不愁吃、不愁穿，保障义务教育、基本医疗和住房；贫困地区农民人均纯收入增长幅度高于全国平均水平，基本公共服务主要领域指标接近全国平均水平，扭转发展差距扩大趋势。"除了解决基本温饱，更加强调缓解相对差距；除了解决经济贫困，还要照顾到教育权利、人力资本等多维贫困。扶贫目标拓展并提高了，相应的扶贫标准也有了较大幅度的提高。《新纲要》坚持开发扶贫，聚焦连片特困地区，明确把连片特困地区作为扶贫攻坚的重中之重。国家将对连片特困地区加大投入和支持力度，更加注重从区域统筹切入来解决贫困问题。党的十八大确立了全面建成小康社会的宏伟目标，"十三五"时期则成为全面建成小康社会目标的决胜阶段。党的十八大以来，脱贫攻坚成为中国全面建成小康社会的底线任务和标志性指标，纳入"五位一体"总体布局和"四个全面"战略布局，以前所未有的力度推进——提出精准扶贫、精准脱贫理念，明确脱贫工作需要下一番"绣花"功夫，要求解决好"扶持谁、谁来扶、怎么扶"的问题，决战脱贫攻坚，坚决打赢脱贫攻坚战。

2013年11月3日，习近平同志在湖南湘西武陵山区集中连片特困山区与贫困村十八洞村的干部和村民座谈时，首次明确提出了"精准扶贫"的命题，指出"扶贫要实事求是，因地制宜。要精准扶贫，切忌喊口号，也不要定好高骛远的目标"，"人民对美好生活的向往，就是我们的奋斗目标"。习近平强调，要解决好"怎么扶"的问题。党和国家连续出台系列文件，提出了精准扶贫、精准脱贫的基本方略，按照贫困地区和贫困人口的具体情况构建了"六个精准"和"五个一批"基本制度安排之后，精准扶贫迅速在全国铺开。精准扶贫是为了精准脱贫，设定时间表，实现有序退出；加大扶贫开发投入力度，要同打赢脱贫攻坚战的要求相匹配。中央财政专项扶贫资金、中央基建投资用于扶贫的资金等的增长幅度要体现加大脱贫攻坚力度的要求。加大中央和省级财政扶贫投入，发挥政策性金融和商业性金融的互补作用，整合各类扶贫资源，开辟扶贫开发新的资金渠道。打赢脱贫攻坚战，要加强和改善党的领导，实行脱贫工作责任制，进一步完善中央统筹、省（自治区、直辖市）负总责、市（地）县抓落实的工作机制。强化脱贫工作责任考核，对贫困县重点考核脱贫成效。建立健全东西部协作和党政机关、部队、人民团体、国有企业定点扶贫机制，激励各类企业、社会组织、个人自愿采取包干方式参与扶贫。把革命老区、民族地区、边疆地区、集中连片贫困地区作为脱贫攻坚重点。

党的十八届五中全会从实现全面建成小康社会奋斗目标出发，明确到 2020 年我国现行标准下农村贫困人口实现脱贫，贫困县全部摘帽，解决区域性整体贫困。"十三五"期间脱贫攻坚的目标是，到 2020 年稳定实现农村贫困人口不愁吃、不愁穿，农村贫困人口义务教育、基本医疗、住房安全有保障；同时，实现贫困地区农民人均可支配收入增长幅度高于全国平均水平、基本公共服务主要领域指标接近全国平均水平。十九大报告提出，重点攻克深度贫困地区脱贫任务，确保到 2020 年我国现行标准下农村贫困人口实现脱贫，贫困县全部摘帽，解决区域性整体贫困，做到脱真贫、真脱贫。这一要求是对扶贫理论的创造性发展，对全球减贫、实现联合国 2030 年可持续发展议程具有重大历史和现实意义。

中国的成功经验不仅印证自身选择的正确性，而且给世界上那些希望加快发展又希望保持自身独立性的国家和民族提供了全新选择，为解决人类贫困贡献了中国智慧和中国方案。

第三节　精准扶贫精准脱贫的含义

精准扶贫理念自 2013 年提出以来，从政策制定到落地，反映了我国新一代领导集体治国理政的新视野，呈现出当代扶贫开发工作的基本景观。习近平总书记强调："精准扶贫是今后我国脱贫攻坚的重大举措，要求实际执行过程中找准'穷根'，靶向治疗与精准管理等，不断发挥中国的制度优势。"作为新形势下的治贫方式，精准扶贫在纵向上吸取了粗放式扶贫的经验教训，扶贫重心进一步下沉至贫困户，更加强调靶向治疗与精细化治理；横向上致力于实现全面建成小康社会，也会促成全面深化改革、全面依法治国与全面从严治党的实现。

精准扶贫是粗放扶贫的对称，是指针对不同的贫困区域环境、不同的贫困农户状况，运用科学有效程序对扶贫对象实施精准识别、精准帮扶、精准管理和精准考核的扶贫开发模式，是针对以往扶贫开发中某种程度上存在的扶贫对象情况不清、致贫原因不明、扶贫资源跑冒滴漏、扶贫目标偏离、追求临时政绩、扶贫责任不明确、扶贫绩效缺乏科学评价等现象而进行的政策调整，体现了我国社会政策逐渐科学化的趋势。[1]精准扶贫的本质是政府、贫困户与社会等多元主体行为相互作用的结果。[2]具体地说，就是以政府为主导力量，市场主体和各类社会力量参与，以提高扶贫对象自我发展能力和改善扶贫对象生产生活条件为核心，根据扶贫对象的致贫原因、发展意识、资源禀赋及市场需求等，统筹各类帮扶资源，制定并实施最优化

[1] 王思斌：《精准扶贫的社会工作参与——兼论实践型精准扶贫》，《社会工作》2016年第3期。
[2] 郑瑞强、曹国庆：《基于大数据思维的精准扶贫机制研究》，《贵州社会科学》2015年第8期。

的帮扶计划，从而达到解决扶贫对象自我发展、促进扶贫对象脱贫致富的目的。

精准扶贫、精准脱贫包含两方面含义：一是彻底摆脱贫困，不会返贫；二是不仅指收入增加，而且要保证群众生活质量，包括教育、医疗、环境等方面都得到根本性改善，从而真正过上美好生活。精准扶贫、精准脱贫是包含核心内容"六个精准"、实现路径"五个一批"、根本要求、保障体系、落实行动的一个战略体系，实施精准扶贫战略的关键是要解决好"扶持谁、怎么扶、谁来扶、怎么退"的问题。

在国家精准扶贫工作推进的过程中，按照"六个精准"（扶贫对象精准、项目安排精准、资金使用精准、措施到户精准、因村派人精准、脱贫成效精准）的基本要求和"五个一批"（发展生产脱贫一批、易地搬迁脱贫一批、生态补偿脱贫一批、发展教育脱贫一批、社会保障兜底一批）的主要途径稳步推进，已经改变了过去那种"大水漫灌"的扶贫形式，探索了"精准滴灌"的崭新扶贫形式，变"输血"为"造血"，注重脱贫成效。

精准帮扶，就是扶贫对象被识别出来以后，帮扶责任人根据其贫困原因制定帮扶计划以及落实帮扶措施等。对贫困人口进行有效的"精准识别"是决定扶贫资源到户、到人和解决精准扶贫"最后一公里"问题的有效举措，是进行精准帮扶、精准管理和精准考核的基础。所谓扶贫开发精准识别，就是按照统一标准，通过规范的流程和方法，找出真正的贫困村、贫困户，了解贫困状况，分析致贫原因，摸清帮扶需求，为扶贫开发瞄准对象提供科学依据，这是精准扶贫的关键环节、基础工作，而后续的精准帮扶和精准管理是在此基础上展开的。

精准扶贫机制创新是需求响应机制与有效供给机制的统一，不仅要关注贫困对象的需求，还要增强扶贫资源的有效供给，实现扶贫资源供需平衡。精准扶贫与以往的扶贫理念有着较大区别，精准扶贫主要是将"大水漫灌"改为"精准滴灌"，逐步改变"大水漫灌""撒胡椒面式"的扶贫模式，提高扶贫工作的精准度和针对性，加快贫困地区、贫困人群脱贫的步伐，避免发生贫困的代际传递。精准扶贫是依照全套行之有效的方法，精准识别贫困地区和贫困户，因地制宜，联动帮扶与分类管理，构建能进能出的动态考核机制的程序。[1] 精准扶贫政策的出台，标志着我国扶贫资源分配的瞄准区域由以贫困县为重点向贫困户和贫困村转变。[2] 扶贫精准度和扶贫效益将大大提高。

实施精准扶贫、精准脱贫，因人因地施策，提高扶贫实效。分类扶持贫困家庭，对有劳动能力的支持发展特色产业和转移就业，对"一方水土养不起一方人"的实施扶贫搬迁，对生态特别重要和脆弱的实行生态保护扶贫，对丧失劳动能力的实施兜底性保障政策，对因病致贫的提供医疗救助保障。实行低保政策和扶贫政策衔接，对贫困人

---

① 李鹍、叶兴建:《农村精准扶贫：理论基础与实践情势探析——兼论复合型扶贫治理体系的建构》,《福建行政学院学报》2015 年第 2 期。
② 黄承伟、覃志敏:《我国农村贫困治理体系演进与精准扶贫》,《开发研究》2015 年第 2 期。

口应保尽保。扩大贫困地区基础设施覆盖面，因地制宜地解决通路、通水、通电、通网络等问题。对在贫困地区开发水电、矿产资源占用集体土地的，试行给原住居民集体股权方式进行补偿，探索对贫困人口实行资产收益扶持制度。提高贫困地区基础教育质量和医疗服务水平，推进贫困地区基本公共服务均等化覆盖。

针对精准扶贫脱贫工作，2015 年习近平总书记在"减贫与发展高层论坛"上明确提出了"五个一批"的精准脱贫措施，各贫困地区按照地区的人口、环境、经济发展基础等具体实际，因地制宜地推进"五个一批"工程。具体来讲，"五个一批"包含五个方面内容：一是发展生产脱贫一批，引导和支持所有有劳动能力的人依靠自己的双手开创美好明天，立足当地资源，实现就地脱贫。二是易地搬迁脱贫一批，贫困人口很难实现就地脱贫的要实施易地搬迁，按规划、分年度、有计划组织实施，确保搬得出、稳得住、能致富。三是生态补偿脱贫一批，加大贫困地区生态保护修复力度，增加重点生态功能区转移支付，扩大政策实施范围，让有劳动能力的贫困人口就地转成护林员等生态保护人员。四是发展教育脱贫一批，治贫先治愚，扶贫先扶智，国家教育经费要继续向贫困地区倾斜、向基础教育倾斜、向职业教育倾斜，帮助贫困地区改善办学条件，对农村贫困家庭幼儿特别是留守儿童给予特殊关爱。五是社会保障兜底一批，对贫困人口中完全或部分丧失劳动能力的人，由社会保障来兜底，统筹协调农村扶贫标准和农村低保标准，加大其他形式的社会救助力度。要加强医疗保险和医疗救助，新型农村合作医疗和大病保险政策要对贫困人口倾斜。杨家山村的精准扶贫脱贫工作正是在这种政策机制指导下逐步开展落实的。

第二章

杨家山村所处区域发展状况

第一节　恩施概况

一　恩施区位及行政区划

　　杨家山村隶属湖北省恩施自治州恩施市屯堡乡，是一个少数民族聚居的武陵山区的贫困山村。它所处的我国最年轻的恩施自治州和首府恩施市的区位环境"八山半水分半田"古老又年轻，独具特色。

　　恩施土家族苗族自治州（以下简称"恩施州"），位于湖北省西南部，鄂、湘、渝三省（市）交会处，武陵山北部腹地，是湖北省唯一的少数民族自治州地级行政区，属于典型的老、少、边、穷山区，也是国家扶贫开发的重点县和湖北省扶贫攻坚的主战场，2013年全州贫困人口153.7万，占全州总人口的1/3强，2019年4月剩余贫困人口7981万。恩施州区域东西相距约220公里，南北相距约260公里，西连重庆市黔江区，北邻重庆市万州区，南面与湖南省湘西土家族苗族自治州接壤，东连本省的神农架林区宜昌市。恩施自治州始建于1983年8月19日，下辖恩施、利川2个县级市，建始、巴东、宣恩、咸丰、来凤、鹤峰6个县。全州共有88个乡、镇、街道办事处，其中46个乡、37个镇、5个办事处。恩施自治州是少数民族聚居区，除汉族外，还居住着土家族、苗族、侗族、回族、蒙古族、彝族、纳西族、壮族等28个少数民族。土家族主要分布在清江以南的来凤、鹤峰、咸丰、宣恩和利川5县市，巴东、建始和恩施3县市的土家族占其总人口的25%~30%。苗族主要分布在利川、来凤、宣恩、咸丰，占全州苗族人口总数的90.8%。侗族主要分布在宣恩、恩施、咸丰等县市交界的山区里。蒙古族主要分布在鹤峰的三家台等地和利川。白族主要分布在鹤峰的铁炉等地。回族在全州各县市均有分布。另外一些少数民族零星地分布在全州各地。居住格局呈现大杂居、小聚居的特点，较为典型的有宣恩县的小茅坡营、苗寨，咸丰的官坝、小村、梅坪、龙坪，利川的文斗等。

恩施市地处武陵山腹地，是恩施自治州州政府所在地，是全州政治、经济、文化中心和交通枢纽，也是国家级贫困县（市）。恩施市东邻建始、鹤峰，西界利川、咸丰县，南连宣恩，北接重庆奉节。东西宽86.5公里，南北长 90.2 公里，总面积 3972 平方公里。恩施市辖 3 个街道：舞阳坝街道、小渡船街道、六角亭街道。下辖 4 个镇、9 个乡：崔家坝镇、龙凤镇、板桥镇、白杨坪镇，三岔乡、新塘乡、红土乡、沙地乡、屯堡乡、太阳河乡、白果乡、芭蕉侗族乡、盛家坝乡。共有居委会 34 个，村委会 172 个。

屯堡乡是恩施市所辖乡，位于恩施市西部，距城区 21 公里，东与小渡船办事处交界，西与利川市毗邻，南与白果乡相连，北与板桥镇接壤，总面积 352.69 平方公里（包含沐抚办事处），耕地面积 82668 亩，林地近 30 万亩，森林覆盖率为 66.8%。乡政府驻屯堡集镇石场坝，下辖屯堡、沐抚 2 个居委会和大庙、营上、木贡、高台、马者、杨家山、鸭松溪、大树垭、新街、车坝、田凤坪、花枝山、罗针田、黄草坡、坎家、鸦丘坪、双龙 17 个村委会。屯堡乡境内 318 国道、屯渝公路贯穿，交通便利，河流纵横，清江河上游贯穿全乡 30 多公里，清江流域、车坝河流域形成了全乡丰富的水利资源，乡内有州、市水电站 11 座，被誉为"水电之乡"；境内矿产资源丰富，目前有高岭土矿、煤矿、硫铁矿、硒矿、石英矿等；特产有花枝茶、沙龙茶、搬木茶等茶叶及烟叶。屯堡乡旅游资源开发潜力巨大，拥有姚家坪库区、大龙潭库区、车坝河库区，形成了"三位一体"的水库旅游风景区。朝东岩风景区、铜盆水森林公园、十里绝壁等为恩施市所独有。

图 2-1 课题组主要成员在屯堡乡入口合影

说明：本书照片均为课题组拍摄。

二 人口状况

恩施自治州全州总人口，2017 年末为 401.36 万人。其中，男性人口 209.34 万人，占总人口的 52.2%，女性人口 192.02 万人，占总人口的 47.8%。2017 年末，全州常住人口 336.10 万人，其中城镇常住人口 146.14 万人，占常住人口的比重（常住人口城镇化率）为 43.48%，比上年提高 1.6 个百分点（见图 2-2）。[1]

全州全年人口出生率为 9.97‰，人口死亡率为 6.48‰，人口自然增长率为 3.49‰。出生总人数 4.23 万人，出生人口性别比（女性为 100，男性对女性的比例）107.86。二孩人数 2.08 万人，二孩率 49.24%。

精准扶贫精准脱贫百村调研·杨家山村卷

---

① 恩施土家族苗族自治州人民政府：《2017 年恩施州统计年鉴》特载文稿，http://www.enshi.gov.cn/zzf/zc/tjsj/。

图2-2 2013~2017年恩施州常住人口及城镇人口

说明：本书统计图，均来自杨家山村调研。

恩施市2019年常住人口90万，以土家族、苗族、侗族为主的少数民族人口占40.6%。截至2017年末，恩施市户籍总人口为80.65万人，其中，男性人口41.43万人，女性人口39.22万人，男女性别比为105.64（女性为100），当年常住人口77.7万人。按城乡划分口径分，城镇人口（含城区、城郊区和乡镇集镇辖区）42.58万人，乡村人口35.12万人，常住人口城镇化率54.8%，比上年提高1.5个百分点。当年人口出生率10.76‰，人口死亡率5.34‰，人口自然增长率5.42‰。年末60岁及以上老年人口15.45万人，占总人口的19.2%。全市人口密度（按常住人口计算）为195.85人/平方公里。按农业口径分，全市乡村人口为61.02万人，乡村户数17.82万户。[1] 其中，屯堡乡人口70044人[2]，土家族约占1/3。屯堡乡是恩施市

① 恩施土家族苗族自治州人民政府：《恩施市2017年国民经济和社会发展统计公报》，http://tjj.enshi.gov.cn/2017/1020/593353.shtml。

② 屯堡乡人民政府公众信息网数据为"现有人口70435人"。

农业人口最多的乡，人员居住分散。同时全乡有8000多人在外务工。

三 自然条件

恩施自治州是以自然资源著称的新兴旅游之都，被称为"世界硒都""华中药库""鄂西林海"。恩施自治州是由北部大巴山脉的南缘分支——巫山山脉、东南部和中部属苗岭分支——武陵山脉、西部大娄山山脉的北延部分——齐跃山脉等三大主要山脉组成的山地。该州地势三山鼎立，呈现北部、西北部和东南部高，逐渐向中部、南部倾斜而相对低下的状态。其地貌基本特征为阶梯状地貌发育。由于受新构造运动间歇活动的影响，大面积隆起成山，局部断陷，形成多级夷面与山间河谷断陷盆地。自治州境内除东北部有海拔3000米以上小面积山地外，普遍呈现为海拔1700~2000米、1300~1500米、1000~2000米、800~900米、500~700米等五级不等的夷平面，并存在一至二级河谷阶地，呈现明显层状地貌。岩溶地貌发育，山间谷地星罗棋布。全自治州碳酸盐岩类（石灰岩、白云岩）面积占总面积的54.4%，裸露的碳酸盐岩受本州温暖多雨气候的影响，呈现岩溶地貌，石芽、溶洞、漏斗、育谷、伏流比比皆是。

恩施自治州属亚热带季风性湿润气候，特点是冬少严寒，夏无酷暑，雾多寡照，终年湿润，降水充沛，雨热同期。但因地形错综复杂，地势高低悬殊，又呈现出极其明显的气候垂直地域差异,"一山有四季,十里不同天"。恩施州境内年均气温16.2℃,年平均降水量1600毫米。地处武汉和重庆两大"火炉"之间,是最适宜人类居住的地区之一。其热量、温度随地势升高而下降,年平均气温,低山16.3℃,二高山13.4℃,高山7.8℃;年降水量,东南部1100~1300毫米,西北部1000~1900毫米,中部1400~1600毫米;年平均日照,低山1300小时,二高山1200~1350小时,高山1000~1350小时;无霜期,低山238~348天,二高山237~264天,高山170~233天;相对湿度,低山82%,二高山85%,高山82%。

四 资源状况

土地和森林资源方面,一是土地资源。2016年末全州土地总面积24060平方公里[①],其中,耕地452626公顷,建设用地88320公顷,森林1312608公顷,森林覆盖率为63.98%,林木绿化率73.36%。[②]按第二次全国土地调查技术规程,恩施州按农用地、建设用地、未利用地统计情况如下:农用地面积2236436.31公顷,占土地总面积的92.95%;建设用地面积81293.67公顷,占土地总面积的3.38%;未利用土地面积87554.73公顷,占土地总面积的

[①] 《恩施州统计年鉴2:综合核算》,http://tjj.enshi.gov.cn/2017/1208/607204.shtml,2017年12月8日。

[②] 《恩施州统计年鉴11:教育、广电、专利、医疗卫生、劳动就业、环保城建、安全生产、自然资源》,http://tjj.enshi.gov.cn/2017/1208/607204.shtml,2017年12月8日。

3.64%（根据 2010 年度土地利用实际变化和卫星遥感监测图斑变化情况）。二是森林资源。恩施州为湖北省主要林区，有多种珍贵动植物，森林覆盖率近 70%，享有"鄂西林海""华中药库""烟草王国""世界硒都"之称。珍贵树种有穗花杉、珙桐、水杉等，产党参、当归、天麻等100 多种药材。恩施州土特产和药材资源有玉露茶、板桥党参、坝漆、鸡爪黄连、石窑当归、紫油厚朴、香菌、中华猕猴桃等。

水电资源方面，恩施自治州水电资源丰富，全自治州流域面积大于 100 平方公里的河流 45 条；大于 1000 平方公里的河流有清江、酉水、沿渡河、溇水、唐岩河、郁江、忠建河（又名贡水河）、马水河、野三河，这 9 条河流在州境总长度 1154 公里，总流域面积 21801 平方公里。全州水资源总量为 299.8 亿立方米。根据多年实测和 12 个径流站年径流资料（按 8 个区划分）计算得出，全州平均年径流量为 233.63 亿立方米。本州岩溶地貌明显，暗河伏流多，地下水储量丰富，类型为裂隙岩溶水，储量 64 亿立方米，占全州水资源总量的 21.4%。全州水能资源理论蕴藏量为 509 万千瓦，可开发量 349.1 万千瓦。著名的水利枢纽有水布垭水利枢纽、大龙潭水利枢纽。风电资源蕴藏量达 300 万千瓦，是华中地区重要的清洁能源基地。恩施州的鄂西铁矿是中国四大铁矿之一，已探明储量 13 亿吨，预测储量达 40 亿吨。天然气已探明储量 1500 亿立方米，预测资源量达 1.5 万亿立方米。恩施自治州还拥有世界上最大的独立硒矿床等。

矿产资源方面，恩施矿产资源储量较为丰富。2011年全州矿产资源储量表显示，全州共发现矿产地370余处，各类矿产75种，分别占全国和全省矿种的41.7%和51.5%。查明和基本查明资源储量的主要有煤、铁、磷、天然气、硫铁矿、石膏、石煤、高岭土、耐火黏土、铝土矿、硅石、萤石、重晶石、大理石等28种。煤、石煤、天然气、铁、磷、高岭土、石膏、硒、菊花石、石灰石等10种矿产储量居全省第一位。硫铁矿、硅石储量分别居全省第二、三位。煤炭在全州8县市均有分布，已探明储量3.45亿吨，保有储量2.57亿吨，发热量4000~7500大卡/千克。石膏主要分布在利川，仅后河石膏矿区探明储量3090.6万吨，二水硫酸钙含量87.59%。石煤在全州8县市广泛分布，已探明资源量4.32亿吨，发热量800~2500大卡/千克。大理石主要分布在咸丰、利川、巴东，已探明资源量800万立方米，其以低辐射受到国内外消费者青睐。高岭土主要分布在恩施、咸丰，已探明储量1134.1万吨，三氧化二铝含量36.22%~44.93%。磷矿主要分布在鹤峰县，已探明储量4741.2万吨，保有量4257.9万吨。菊花石属省内独有的稀有资源，已探明储量16万立方米。鄂西铁矿是全国四大铁矿之一，储量位居全国前列，其中，大型矿床2处，中型矿床9处，主要分布在巴东、建始、恩施、宣恩，全铁品位41.95%~52.6%，已探明储量13.09亿吨。硒资源丰富，恩施被誉为"世界硒都"，具有世界上唯一独立的硒矿床，是我国迄今为止发现的第一个富硒区。同时，硅石在全州8县市均有分布，已探明储量4.32亿吨。硫铁矿主要分布在利川、建始、恩施等地，已探明储量1.13亿吨。天然气主要分布在利川、宣恩，已探明储量1500亿立方米等。

生物资源方面，恩施州大致共有215科、900属、3000种植物和500多种陆生脊椎动物，其中40余种植物和77种动物属于国家级珍稀保护动植物，是华中地区重要的"动植物基因库"。一是恩施州共有树种171科，645属，1264种。其中，乔木60科，114属，249种；灌木32科，89属，228种，约占全国树种的1/7。经济价值较高的有300余种。属国家重点保护的珍稀树种有水杉、珙桐、秃杉、巴东木莲、钟萼木、光叶珙桐、连香树、香果树、杜仲、银杏等40余种，约占全省列入国家重点保护树种的90%。宜林面积广阔，共有宜林面积150.25万公顷，约占全州总面积的61.99%。全州林地面积106.31万公顷，森林覆盖率为48.4%等。二是药用资源品种多达2080余种，鸡爪黄连产量居全国前列。紫油厚朴乃国家珍品。党参、当归、黄连、天麻、贝母、杜仲、厚朴、黄柏、丹皮、半夏、银花、百合、舌草等药材种类比《本草纲目》所载还多，其品名数量、成交额在全省独占鳌头。特别是中国板党、湖北贝母、鸡爪黄连、紫油厚朴、石窑当归、天麻、丹皮、首乌、竹节参、江边一碗水、头顶一颗珠等数十种名贵中药材量大质优，国内外久负盛名。

旅游资源方面，恩施州水电资源丰富。全州范围内地形以山区为主，呈现喀斯特地貌，溶洞溶洼众多，自然风光以"雄、奇、秀、幽、险"著称，自然景观有：位于恩施、利川、咸丰3县市交界的国家级自然保护区星斗山，位于宣恩、鹤峰、恩施和湖南桑植4县市交界的国家级自然保护区七姊妹山，咸丰县的坪坝营、唐崖河（黄金洞）、小南海，利川的腾龙洞、佛宝山大峡谷、玉龙洞、水莲洞，巴东的神农溪、格子河石林、水布垭，恩施的梭步垭石林、恩施大峡谷、龙洞河风景区，建始县的野三河、黄鹤桥风景区，来凤的仙佛寺风景区、卯洞风景区，鹤峰的省级自然保护区木林子等。利川腾龙洞景区通过国家5A级景区景观质量专家评审。来凤县成功创建湖北旅游强县，宣恩县伍家台、来凤县杨梅古寨成功创建为4A级景区，全州形成1处世界文化遗产、2家5A级景区、16家4A级景区的高等级景观集群。

恩施市境内为鄂西南山地，主要有煤、铁、硫、水晶石等矿产，农业主产有玉米、水稻、红薯、小麦等，经济作物以桐、茶、漆、麻著名，恩施黑猪为优良品种。珍贵树种有穗花杉、珙桐、水杉等，产党参、当归、天麻等100多种药材。有机械、采煤、电力等工业。土特产有玉露茶、板桥党参、石窑当归、紫油厚朴、香菌、中华猕猴桃。

五 交通状况

恩施素有"川蜀咽喉、荆楚屏障"之称，崇岭绵延、河谷纵横，自古以来交通非常不便利，恩施州村民出山大多靠肩挑背驮，长期饱受交通闭塞之苦。但自新中国成立以来，公路、水路、机场、铁路相继建设起来，尤其是改革开放 40 年来，恩施州交通实现了跨越式发展，农村公路路网建设加快推进，88 个乡镇全部通沥青（水泥）路，2512 个建制村全部实现通达，以高速公路、铁路、航空、水运为核心的立体交通网络初步形成，从全国各地抵达恩施的交通已经非常方便，全国多个城市都可以乘坐火车、飞机、汽车直达恩施。

近年来，恩施州交通发展步入快车道，旅游公路、城乡公路、村级公路似"玉带"，盘绕在大山里，不仅连通了山里山外，促进了全州经济社会发展，而且成为一道道美丽的风景线。"千公里"绿色生态旅游公路基本建成，全州 88 个乡镇中 81 个乡镇已通达国省道二级公路。截至 2016 年底，全州公路通车里程 20646 公里，比上年增长 6.8%。恩施市四级及以上公路里程达 2736.21 公里，同比增长 6.4%，其中，一级公路 28.56 公里，二级公路 389.78 公里，三级公路 138.08 公里，四级公路 2179.79 公里。围绕乡村振兴战略及全州精准扶贫脱贫攻坚任务，强力推进农村公路建设攻坚。目前，村组公路项目建设已全面启动，累计建成农村沥青（水泥）路 1364 公里、农村砂石路 504 公里，"四好农村路"建设稳步推进。

在公路建设方面，2009 年底沪渝高速公路全线贯通试运行，恩施州结束了不通高速公路的历史。继沪渝高速贯通后，沪蓉、恩来、恩黔、利万等高速相继建成通车达 465 公里。恩来高速是陕西安康至来凤高速的重要组成部分，起点接沪渝高速，向南接包茂高速、杭瑞高速；恩黔高速是沪渝高速和包茂高速的连接线，是鄂西南地区进入渝、湘、黔的重要通道，也是鄂西南、渝东南和湘西、黔北地区沪渝高速通往东部地区的捷径；利万高速是沪渝、沪蓉高速连接线的重要组成部分，是鄂渝边区的快速通道，促进了鄂西与渝东北地区的经济文化交流与合作。建恩、宣鹤高速建设如火如荼，建恩高速计划于2016年底基本建成，宣鹤高速计划于2019年建成，恩施州"县县通高速"指日可待。

在铁路交通方面，2010年12月宜万铁路全线开通，结束了恩施州无铁路的历史。宜万铁路全长377公里，东起湖北省宜昌市，西至重庆市万州区，途经湖北宜昌、恩施州和重庆市万州区所辖的10个县市（区），是我国"八纵八横"铁路网主骨架之一，是沪、汉、蓉快速通道的重要组成部分，也是贯通中国东、中、西部的重要交通纽带。

在航空方面，恩施机场（见图2-3）已成为国内重要的支线机场，新开了太原、深圳航线，增开了恩施—上海直航，2016年全年航班起降4050架次，增长15.3%；客运量49.61万人次，增长22.1%。铁路站点累计发送旅客517.86万人次，下降2.3%。交通运输周转量持续增长。2016年，全州公路货运周转量同比增长4.9%，水路客运周转量同比增长14.8%。恩施机场的建设和发展，对该州的跨越式发展具有十分重要的意义。

"十三五"时期，在航空方面，启动恩施许家坪机场迁建选址论证等前期工作，以打造武陵山区支线航空枢纽为重点，统筹规划全州民航机场布局、航线开通数量和运力配置规模，通用航空发展获得历史性突破。在铁路方面，推进黔张常铁路、郑万铁路、腾龙洞至大峡谷至恩施火车站旅游观光铁路建设，加快推进安张衡铁路、昭黔恩铁路前期工作，谋划穿越恩施主城区的高速铁路，实现内外快速交通联系。

恩施州今后将围绕建成"武陵山综合交通枢纽中心"总体目标，突出增量、提质"两大重点"，畅通快捷航空、高效铁路、高速公路"三大通道"，建设国省干线骨架网、农村公路循环网、内河航道畅通网、智慧交通信息网"四大网络"，基本形成恩施州连接长江中游城市群、成渝经济区、关中城市群、黔中城市群"4 小时交通圈"，州城至县市城区"3 小时交通圈"，县城至乡镇"2 小时交通圈"，乡镇至行政村"1 小时交通圈"和连接核心景区"精品旅游线路交通圈"的"五大交通圈"。

图 2-3　恩施机场

第二节 杨家山村所属区域经济社会发展状况

近年来，恩施全面贯彻"创新、协调、绿色、开放、共享"新发展理念，始终坚持稳增长、促改革、调结构、惠民生、防风险，大力推进"生态立州、产业兴州、开放活州、依法治州、富民强州"战略，全州经济社会发展呈现总体平稳、稳中向好的态势。

一　恩施经济发展概况

（一）经济总量

2016年，恩施州实现生产总值735.7亿元，比上年增长7.9%。按产业分，第一产业增加值152.52亿元，增长4.2%；第二产业增加值264.73亿元，增长8.2%；第三产业增加值318.45亿元，增长9.5%。三次产业结构为20.7∶36.0∶43.3（见图2-4）。按年均常住人口计算，全州人均生产总值达到22050元，比上年增长7.4%。全社会固定资产投资719.40亿元，增长17%；财政总收入142.6亿元，增长7.5%；地方一般公共预算收入71.91亿元，增长10.4%；社会消费品零售总额500.39亿元，增长12.2%；城镇常住居民人均可支配收入24410元，增长10%；农村常住居民人均可支配收入8728元，增长9.5%。

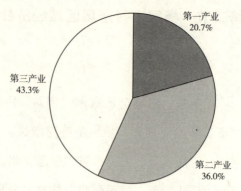

图 2-4　2016 年恩施州地区生产总值三次产业构成

2017 年，恩施州全州完成生产总值 801.23 亿元，扣除价格因素，比上年增长 6.2%。其中，第一产业增加值 160.14 亿元，增长 4.2%；第二产业增加值 286.01 亿元，增长 3.5%；第三产业增加值 355.08 亿元，增长 9.5%。三次产业结构为 20.0∶35.7∶44.3。按年均常住人口计算，全州人均生产总值达到 23892 元，增长 5.7%。[①]

恩施市始终坚持稳中求进的总基调，秉持新的发展理念，着力打造武陵山"六个中心"，全市经济社会保持平稳健康发展态势。

2016 年，全市实现生产总值 187.8 亿元，扣除价格因素，同比增长 8.4%，增速比上年减缓 1 个百分点。人均 GDP（现价）24366 元，比上年提高 2028 元。第一产业实现增加值 27.64 亿元，增长 4.5%；第二产业实现增加值 73.93 亿元，增长 8.8%；第三产业实现增

---

① 《2016 年恩施州国民经济和社会发展统计公报》，http://tjj.enshi.gov.cn/2017/0505/554286.shtml，2017 年 5 月 5 日。

加值 86.29 亿元, 增长 9.5%。三次产业结构由上年的 15.4 : 40.0 : 44.6 调整为 14.7 : 39.4 : 45.9, 第一产业比重下降 0.7 个百分点, 第三产业比重提高 1.3 个百分点, 产业结构逐步优化。

图 2-5 2013~2017 年恩施州三次产业构成

2017 年, 恩施市实现地区生产总值 211.22 亿元, 扣除价格因素, 同比增长 7.9%。人均 GDP (现价) 27248 元, 比上年提高 2882 元。第一产业实现增加值 28.92 亿元, 增长 4.1%; 第二产业实现增加值 84.53 亿元, 增长 7.8%; 第三产业实现增加值 97.77 亿元, 增长 9.3%。三次产业结构由上年的 14.7 : 39.4 : 45.9 调整为 13.7 : 40.0 : 46.3, 其中, 第一产业比重下降 1 个百分点, 第二产业比重提高 0.6 个百分点, 第三产业比重提高 0.4 个百分点, 产业结构在原有基础上进一步优化。

(二) 主要经济指标

2017 年恩施州主要经济指标增长情况见表 2-1。

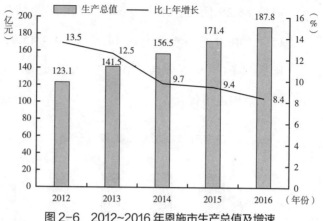

图 2-6　2012~2016 年恩施市生产总值及增速

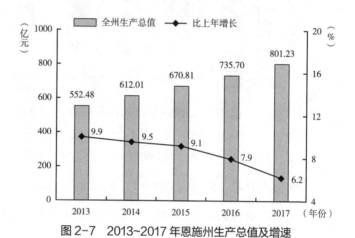

图 2-7　2013~2017 年恩施州生产总值及增速

表 2-1　2017 年恩施州主要经济指标增长情况

指标	金额 （亿元）	同比增长 （%）	增幅居全省 位次	相比全省平均增 幅（个百分点）
全州地区生产总值	801.23	6.2		低于全省 1.6
全部工业增加值	233.02	4.4		低于全省 3.5
固定资产投资总额	831.16	15.5	第 8 位	高于全省 4.5
地方财政总收入	161.11	13.0	第 4 位	高于全省 3.6
地方一般公共预算收入	74.93	7.2		低于全省 1.2

指标	金额（亿元）	同比增长（%）	增幅居全省位次	相比全省平均增幅（个百分点）
社会消费品零售总额	556.41	11.2	第 11 位	高于全省 0.1
金融机构贷款余额	903.58	17.1	第 7 位	高于全省 1.9
金融存款余额	472.11	12.0	第 9 位	高于全省 1.5
全体居民人均可支配收入（元）	15259	9.7	第 3 位	
城镇常住居民人均可支配收入（元）	26766	9.7	第 2 位	高于全省 1.2
农村常住居民人均可支配收入（元）	9588	9.9	第 3 位	高于全省 1.4

说明：本书统计表格，除特殊标注，均来自杨家山村调研。

（三）固定资产投资

恩施州充分发挥投资在"稳增长"中的关键作用，投资呈现平稳增长态势，在促进全州经济增长和社会发展中发挥了重要作用。如图 2-8 所示，近年来恩施州固定资产投资完成额持续增长，但增速下降。2017 年，完成固定资产投资 831.16 亿元，同比增长 15.5%。其中，工业投资恢复性增长，完成工业投资 134.83 亿元，同比增长 37.7%；工业投资占投资总额的比重 16.2%，同比提高 2.6 个百分点等，[1] 投资结构进一步改善。

---

[1] 《2016 年恩施州国民经济和社会发展统计公报》，http://tjj.enshi.gov.cn/2017/0505/554286.shtml，2017 年 5 月 5 日。

图 2-8　2013~2017 年恩施州固定资产投资及增速

恩施市固定资产投资依然呈现平稳增长态势，在促进全市经济增长和社会发展中发挥了举足轻重的作用。

2016 年，恩施市全年完成固定资产投资 189.39 亿元，同比增长 12.5%。其中，500 万元以上城镇和非农户项目投资 126.97 亿元，同比增长 13.5%；房地产开发投资 47.17 亿元，同比增长 35.9%；农村私人投资 15.25 亿元，同比增长 45.1%。按产业划分，第一产业完成投资 5.49 亿元，同比增长 68.6%，第二产业完成投资 15.78 亿元，同比下降 23.5%；第三产业完成投资 152.87 亿元，同比增长 14.2%。从产业投资构成来看，第三产业占恩施市 500 万元以上项目投资的主导地位，第一产业呈上升趋势，第二产业在 500 万元以上项目投资中占比较小，工业投资相对薄弱。然而，工业投资年底逆袭回暖，呈现上升趋势，全市工业完成投资 10.66 亿元，同比增长 22.8%。其中，采矿业投资 1.65 亿元，同比增长 10.0%；制造业投资 9.01 亿元，同比增长 25.5%。

图 2-9　2012~2016 年恩施市固定资产投资额及增长速度

2017 年，恩施市全年完成固定资产投资 205.86 亿元（不含农户），同比增长 8.7%。其中 5000 万元以上项目投资 63.96 亿元，同比增长 22.9%；房地产开发投资 53.27 亿元，同比增长 12.9%。按产业划分，第一产业完成投资 7.92 亿元，同比增长 39.3%；第二产业完成投资 34.31 亿元，同比增长 86.5%；第三产业完成投资 163.63 亿元，同比增长 9%。

（四）居民消费价格

2016 年，恩施州全年居民消费价格比上年上涨 2.2%，商品零售价格下跌 0.1%。构成居民消费价格的八大类商品价格呈现"六涨二降"：食品烟酒价格上涨 4.3%，衣着价格上涨 3.6%，教育文化和娱乐价格上涨 3.3%，居住价格上涨 2.4%，医疗保健价格上涨 1.3%，其他用品和服务价格上涨 0.5%，生活用品及服务价格下降 1.4%，交通和通信价格下降 3.1%。① 图 2-10 为 2016 年该州居民消费价格月度涨跌情况。

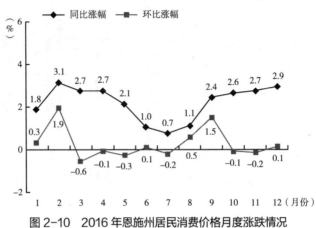

图 2-10　2016 年恩施州居民消费价格月度涨跌情况

2017 年，恩施州全年居民消费价格比上年上涨 2.1%，商品零售价格上涨 0.6%。构成居民消费价格的八大类商品价格呈现"七涨一跌"：医疗保健价格上涨 8.2%，教育文化和娱乐价格上涨 7.1%，居住价格上涨 1.9%，其他用品和服务价格上涨 1.2%，衣着价格上涨 1.0%，生活用品及服务价格上涨 0.4%，交通和通信价格上涨 0.9%，食品烟酒价格下跌 0.3%。图 2-11 为 2017 年该州居民消费价格月度涨跌情况。

恩施市 2016 年实现社会消费品零售总额 155.97 亿元，较上年增长 12.2%，占全州社会消费品零售总额的 31.2%。分行业看，批发业、零售业、住宿业、餐饮业分别实现零售额 29.40 亿元、113.83 亿元、5.50 亿元、7.24

---

① 《2016 年恩施州国民经济和社会发展统计公报》，http://tjj.enshi.gov.cn/2017/0505/554286.shtml，2017 年 5 月 5 日。

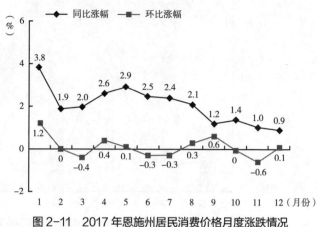

图2-11 2017年恩施州居民消费价格月度涨跌情况

亿元，同比分别增长13.6%、12.1%、12.5%、8.8%。从经营单位所在地看，城区消费品市场发展活跃。2016年全年，城镇消费品零售额91.69亿元，同比增长22.2%；乡村消费品零售额0.09亿元，同比下降14.9%。从销售类别看，零售业是恩施市商贸经济发展主力。医疗药品行业增长较快，生活必需品如粮油、食品类回升较快，汽车行业占据主导地位，住宿业增长较快。随着旅游人口逐年增长，全市流动人口增多，全年限上住宿业营业额增长达到38.6%。餐饮业发展由大中型企业转向微小限下。大部分民众、游客选择在周边的农家乐及一些个体小餐馆用餐，导致限上住餐业低迷、限下住餐业发展较好的局面存在。全年实现外贸出口16680.6万美元，同比增长18.2%。

（五）金融存贷款

恩施州2016年全年新增"新三板"挂牌企业2家，全州"新三板"挂牌企业达到3家。年末全州金融机构人

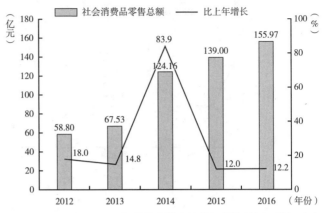

图 2-12　2012~2016 年恩施市社会消费品零售总额及增长速度

民币存款余额 1232.72 亿元，比年初增加 183.18 亿元，增长 17.5%，其中住户存款余额 687.78 亿元，比年初增加 89.43 亿元，增长 14.9%。金融机构人民币贷款余额 771.35 亿元，比年初增加 111.93 亿元，增长 17%（见表 2-2）。

表 2-2　2016 年恩施州金融机构人民币存贷款余额

单位：万元，%

指标	2016 年末	比年初增减	
		增减额	增幅
各项存款余额	12327183	1831798	17.5
其中：住户存款	6877768	894285	14.9
非金融企业存款	2225929	723705	48.2
广义政府存款	3221269	223055	7.4
各项贷款余额	7713469	1119317	17.0
其中：住户贷款	3279276	624011	23.5
非金融企业及机关团体贷款	4434166	495289	12.6

恩施州 2016 年全年增设财险公司 3 家、寿险公司 2 家，全州保险公司总数达到 33 家。保险公司保费收入 42.61 亿

元，比上年增长 14.1%。其中，寿险业务保费收入 30.18 亿元，增长 13%；财险业务保费收入 12.43 亿元，增长 16.7%。全年支付各类赔款及给付金额 11.18 亿元，增长 36%。全州 2 家证券公司开设的股票基金账户 6.71 万户，全年保证金存款 2.31 亿元，交易额 523.56 亿元。[①]

2017 年末，恩施州金融机构人民币存款余额 1381.12 亿元，比年初增加 148.40 亿元，增长 12.0%。其中住户存款余额 793.66 亿元，比年初增加 105.81 亿元，增长 15.4%（见表 2-3）。全州金融机构人民币贷款余额 903.58 亿元，比年初增加 132.23 亿元，增长 17.1%。住户贷款 419.67 亿元，增长 28.0%。其中短期贷款 125.43 亿元，增长 48.1%，短期贷款中的消费贷款和经营贷款分别增长 1.3% 和 18.9%；中长期贷款 294.24 亿元，增长 21.0%，中长期贷款的消费贷款和经营贷款分别增长 25.4% 和 8.7%。非金融企业及机关团体贷款 483.90 亿元，增长 9.1%。

恩施州 2017 年保险公司 33 家，县市保险机构 117 家，乡镇保险营销服务部 138 个，村（社区）服务网点 432 个。保险公司保费收入 44.29 亿元，比上年增长 9.8%。其中，寿险业务保费收入 30.03 亿元，增长 2.7%；财险业务保费收入 14.26 亿元，增长 28.5%。全年支付各类赔款及给付金额 13.49 亿元，增长 35.9%；全州 2 家证券公司开设的股票基金账户 8.53 万户，全年保证金存款 1.09 亿元，交易额 480.55 亿元。

---

① 《2016 恩施州国民经济和社会发展统计公报》，http://tjj.enshi.gov.cn/2017/0505/554286.shtml，2017 年 5 月 5 日。

表 2-3　2017 年恩施州金融机构人民币存贷款余额

单位：万元，%

指标	2017 年末	比年初增减	
		增减额	增幅
各项存款余额	13811193	1484011	12.0
其中：住户存款	7936574	1058062	15.4
非金融企业存款	2530533	305346	13.7
广义政府存款	3337346	116079	3.6
各项贷款余额	9035810	1322341	17.1
其中：住户贷款	4196743	917467	28.0
非金融企业及机关团体贷款	4838957	404791	9.1

恩施市 2016 年末全市金融机构人民币存款余额 419.86 亿元，增长 11.1%，其中城乡居民储蓄存款余额 193.86 亿元，增长 14%。金融机构人民币贷款余额 361.46 亿元，增长 14.4%。存贷比 86.09%。

截至 2017 年末，恩施市金融机构人民币存款余额 472.11 亿元，比上年末增长 12.4%，其中城乡居民储蓄存款余额 192.91 亿元，比上年末下降 0.5%。金融机构人民币贷款余额 405.61 亿元，比上年末增长 12.2%。存贷比 85.91%。

（六）经济运行质量效益

总体来看，全州经济运行质量效益向好。

一是公共财政收入持续增长。2017 年，恩施州完成地方一般公共预算收入 74.93 亿元，同比增长 7.2%（见图 2-13）。恩施市实现财政总收入 31.75 亿元，同比增长 12.8%，其中，一般公共预算收入 21.11 亿元，增长 3.1%，税收收入 16.42 亿元，占一般公共预算收入的 77.8%。分部门收入：国税部门 13.73 亿元，同比增长 27.8%；地税

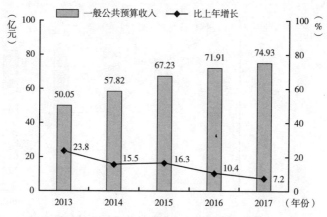

图 2-13　2013~2017 年恩施州一般公共预算收入及增速

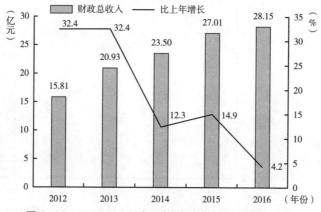

图 2-14　2012~2016 年恩施市财政总收入及增长速度

部门 13.32 亿元，同比下降 0.1%；财政部门 4.69 亿元，同比增长 15.6%。

恩施市 2016 年实现财政总收入 28.15 亿元，同比增长 4.2%，实现地方公共财政预算收入 20.47 亿元，同比下降 4.5%。其中，税收收入 16.42 亿元，占比 80.2%。公共财政预算支出 59.17 亿元，同比下降 20.3%。

二是企业盈利增加。恩施州规模以上工业企业利润

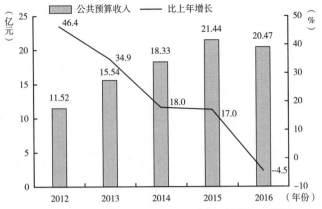

图 2-15　2012~2016 年恩施市公共财政预算收入及增长速度

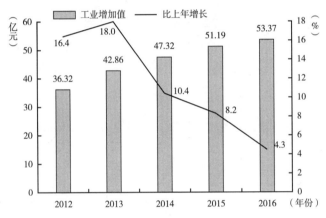

图 2-16　2012~2016 年恩施市规模以上工业增加值及增长速度

总额 28.06 亿元，同比增长 4.6%，主营业务收入利润率 10.2%，同比提高 0.7 个百分点。恩施市规模以上工业企业实现总产值绝对额不断增加。

2016 年，恩施市规模以上工业企业实现总产值 133 亿元，同比增长 14.8%。全部工业实现增加值 60.79 亿元，比上年增长 9.2%。其中，规模以上工业增加值 53.37 亿元，比上年增长 4.3%；实现营业收入（不含烟厂和供电公司）51.83 亿元，同比增长 2.2%；实现利润总额 3.76 亿元，同比增长 52.5%；实现利税总额 6.04 亿元，同比增长 34.2%。

2017 年，恩施市规模以上工业企业完成产值 156.9 亿元，同比增长 18%，工业增加值占 GDP 比重稳定在 32% 以上。[①] 规模以上工业企业达到 91 家，比上年净增 6 家，实现工业总产值 55.12 亿元，比上年增长 3.3%；实现营业收入 53.32 亿元，同比增长 2.9%；实现利润总额 3.15 亿元，同比下降 16.2%；实现利税总额 6.19 亿元，同比增长 2.5%。[②]

三是城镇居民生活水平稳步提高，农村居民生活水平逐步改善。2016 年，恩施市城乡全体居民人均可支配收入 16950 元，增长 9.51%，城乡居民人均生活消费支出 12475 元，增长 12.1%。城乡居民收入比为 2.94∶1，全体居民恩格尔系数 35.29%。其中，城镇常住居民人均可支配收入 26559 元，增长 9.63%，年人均生活消费总支出 18702 元，增长 12.1%，城镇居民恩格尔系数 33.09%；农村常住居民年人均可支配收入 9037 元，增长 9.22%；年人均生活消费支出 7347 元，增长 11.9%。农村居民恩格尔系数 39.92%。农村自来水普及率 78%。全社会在岗从业人员社会平均工资 46300 元，比上年增长 12.5%（全州平均水平）。

2017 年，恩施市居民收入增速保持全省前列。首先，

---

① 包含烟厂和州市供电公司数据。
② 不含烟厂和州市供电公司数据。

居民收入和财政同步增收，增速居全省前列，城镇居民生活水平稳步提高。据城市住户监测，恩施市全年城镇常住居民人均可支配收入 29138 元，增长 9.88%，年人均生活消费总支出 20604 元，增长 10.2%。城镇居民恩格尔系数 33%。其次，农村居民生活水平逐步改善。据农村住户监测，农村常住居民年人均可支配收入 9931 元，增长 9.89%；年人均生活消费支出 8173 元，增长 11.2%。农村居民恩格尔系数 39.7%。城乡全体居民人均可支配收入 18605 元，增长 9.76%。城乡居民人均生活消费支出 13787 元，增长 10.5%。城乡居民收入比为 2.94∶1，恩格尔系数 35.2%。全社会在岗从业人员社会平均工资 50796 元，比上年增长 9.7%（全州平均水平）。

（七）特色产业

长期以来，作为恩施州首府城市，恩施市以机械建材、轻工纺织、粮油食品、电力、烟草等传统产业为主，经济活力非常有限。为了从根本上改变这种状况，恩施市采取厚植生态底色，以绿色发展为方向，提出"六个中心"发展战略（武陵山区域城市中心、武陵山交通枢纽中心、武陵山旅游休闲中心、武陵山低碳工业集聚中心、武陵山富硒产品集散中心、武陵山金融服务中心），加快产业转型升级，形成新动能，特色产业实现较好发展。

一是全力发展低碳工业。立足区域资源特色和环境优势，大力发展以清洁能源、现代医药和富硒食品精深加工等为主导的新型低碳工业，逐步培育形成富硒绿色食品、水电能源、烟草制品、医药化工、机械制造、矿产建材等六大支柱产业，工业主导产业集群基本形成，产业链由低端转向中高端，产业结构更加优化，低碳发展理念深入人心。

二是聚力发展现代农业。农村产业结构方面，恩施州初步形成了以烟叶、茶叶、畜牧、林果、药材、特色蔬菜为主的六大农业主导产业。纯农业增加值占农林牧渔业增加值的比重逐年下降，牧业增加值所占比重逐年提高。农业结构调整方面，在稳定粮食面积的基础上，经济作物面积逐年增加。特色农业发展稳中向好。全州特色农产品基地突破500万亩，富硒茶叶、土豆、烟叶、粮油、蔬菜、干鲜果基地达到300万亩，形成了"恩施硒茶""恩施硒土豆""恩施中药材"等一批知名公共品牌，全州茶叶面积、产量均居全省第1位，在全国地市级产茶区中居第5位。硒产业将成为恩施州最具特色的优势产业，全州硒产业总产值突破380亿元。全州生猪出栏467.6万头、牛出栏14.82万头、家禽出笼1300万只，粮食总产量149.77万吨，农业增加值达153.82亿元。

三是普遍推行"龙头企业＋合作社＋基地＋农户"的现代农业产业化发展模式，规模化、标准化种植茶叶、烟草、中药材、蔬菜等经济作物。2017年，恩施市特色产业基地达120万亩，农林牧渔业实现总产值48.75亿元，农产品加工业产值与农业产值占比达243.35%，遥遥领先于其他生态功能类县市。经过多年的不断努力，恩施市已发展成为"全国重点产茶县""中国名茶之乡"，中国驰名品牌"恩施玉露"

作为 2018 国事活动用茶，成为"网红"。此外，有近 30 个农副产品获"省级名牌产品""省级著名商标"。

四是农林牧渔业平稳增长。2016 年，恩施市全年实现农林牧渔业总产值 46.60 亿元，扣除价格因素，同比增长 4.8%（见图 2-17）。其中，农业产值 25.74 亿元，同比增长 4.4%；林业产值 1.37 亿元，同比增长 6.5%；牧业产值 19.01 亿元，同比增长 4.9%；渔业产值 0.09 亿元，同比增长 5.1%；农业服务业产值 0.39 亿元，同比增长 13.6%。主要农产品产量稳定增产。全年粮食产量 21.76 万吨，同比减少 8.3%。畜牧业生产趋于平稳。

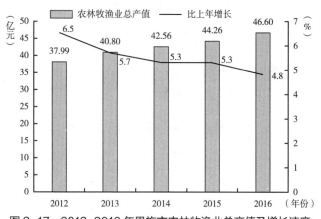

图 2-17　2012~2016 年恩施市农林牧渔业总产值及增长速度

五是旅游休闲服务业增势强劲。恩施市重点实施"旅游+"战略，坚持以恩施大峡谷观光度假避暑区、大清江富硒养生区、大健康运动休闲区为支撑，建成一批高品质旅游景区、乡村旅游区、旅游民宿，打造以大旅游、大文化和大健康为核心的休闲服务产业集群，形成新的支柱产业和经济增长极。2016 年，恩施州获批为全国首批、全省唯一的国家全域旅游示范区创建州，全州已形成了 1 处世界文化遗产、2 家 5A 级景区、16 家 4A 级景区的高等级景观集群，其中恩施市有 5A 级景区 1 家，4A 级和 3A 级景区各 3 家。2017 年，全州接待游客 5132.89 万人次，实现了从 4000 万人次到 5000 万人次的跨越，其中恩施市接待游客 1718.5 万人次，旅游综合收入 138.96 亿元，同比增长 21.7%。恩施市荣获"全国休闲农业与乡村旅游示范县市""全国民宿产业发展示范单位"称号，生态文化旅游业引领第三产业加快发展。

屯堡乡特色产业发展风生水起。一是采取种养结合发展壮大第一产业的策略。种植业方面，油茶、烟叶、蔬菜和药材等特色种植趋于稳定。2016 年种植烟叶 2500 亩，新增茶园 5000 亩，绞股蓝 500 亩，药材 3000 亩。养殖业不断发展壮大，新增注册了一批生态养殖专业户，产品主打绿色无公害，目前已逐步走向市场。恩施市卡门养殖专业合作社经营家禽和禽蛋产品的批零业务，包括在省内武汉等卖场进行定点销售。二是把第二产业作为全乡经济发展的重头戏。茶叶和绞股蓝的加工是第二产业中的主力军，大小茶叶加工单位有 28 家，绞股蓝加工企业 1 家。硒茶是特色产品，其中恩施市华智有机茶公司等 8 家茶业加工单位拥有含硒丰富的 21 个茶叶基地，占全州 74 个硒茶基地的 28.38%，具备了做大做强硒茶品牌的独特优势，有利于深入推进茶产业链的建设。三是利用"硒"和"恩施大峡谷品牌"效应，把第三产业作为经济发展的补充。以养生旅游、农业观光、乡村休闲度假为核心，大力发展生态农业，推动旅游业发展，带动住宿餐饮业等发展。恩施市大为农业开发有限公司计划投资1500万元，用于瓜果、花卉等农作物种植和生态农业观光服务及田园婚纱摄影基地项目建设。同时，利用电商平台拓宽特色农产品的销售渠道。基于未来网上交易将会占主导地位的电商发展趋势，屯堡乡产业办组织农产品生产单位通过阿里巴巴电子商务平台在网上销售特色农产品，将富硒农副产品卖出大山、卖出品牌、卖出价格。截至2016年，共有13家企业和加工厂确定入驻电商平台。对于入驻阿里巴巴电商平台的，政府给予1∶1的补助。

（八）对外开放

近年来，恩施州对外经贸交流合作的步伐不断加快。借助全国少数民族自治州全面建成小康社会经验交流现场会在恩施州召开的契机，以及硒产品博览交易会、南方马铃薯大会等会展平台，恩施州影响力不断提升。恩施州不仅建成恩施硒资源国际交易中心，成为国内首个硒资源交易平台，还建成国家富硒产品质量监督检验中心，另外，恩施机场也列入国家一类口岸规划，恩施州的知名度和影响力不断扩大。2016年，恩施州招商引资实际到位资金280.04亿元，同比增长24%；利用外资4910万美元，同比增长34.3%；外贸出口5.43亿美元，同比增长3.5%。其中，恩施市全年实现外贸出口16681万美元，同比增长18.2%。

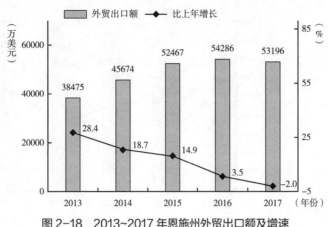

图 2-18　2013~2017 年恩施州外贸出口额及增速

　　从总体看，恩施州经济发展势头较好，但仍低于预期。一是主要经济指标回落幅度超出预期。2016 年，恩施州全面小康指数 73.09%，低于全省 13.09 个百分点，其中经济发展指数为 38.04%，在五大类指数中实现程度最低。2017 年以来，全州主要经济指标增幅低于上年同期、低于全省平均水平。全州地区生产总值增幅低于全省平均水平 1.6 个百分点，低于全国平均水平 0.7 个百分点；全部工业增加值增幅低于全省平均水平 3.5 个百分点，低于全国平均水平 2.7 个百分点；地方一般公共预算收入可比增幅低于全省平均水平 1.2 个百分点。二是经济总量占全省比重降低，位次退后。2017 年，全州地区生产总值突破 800 亿元，但是全省除林区和直管市外经济总量未过千亿元的 3 个地市之一；全州地区生产总值占全省的比重为 2.2%，较上年降低 0.1 个百分点；地区生产总值增幅较上年回落 1.6 个百分点，增幅居全省第 16 位，较上年下降 5 个位次。从分产业增幅与全省比较看，恩施

图 2-19　2012~2016 年恩施市外贸出口额及增速

州第一产业增幅高于全省平均水平 0.6 个百分点，第三产业增幅与全省平均水平持平，差距在于第二产业，仅增 3.5%，低于全省平均水平 3.6 个百分点，其中全口径工业增幅低于全省平均水平 2.8 个百分点，恩施州的经济发展和结构优化仍有空间。

从基层看，屯堡乡在投资环境六大要素综合评分中，投资环境总体得分为 45 分，在全国 32208 个乡镇中排第 21816 名，超越全国 32.3% 的乡镇；在湖北省 1003 个乡镇中排第 843 名，处于第三梯队；在恩施土家族苗族自治州的 90 个乡镇中排第 66 名，处于第三梯队；在恩施市的 14 个乡镇中排第 6 名，处于中游的位置。屯堡乡整体经济实力得分 49.4 分，在全市排名第 54，在全省排名第 788，在全国排名第 20087，超过全国 37.6% 的乡镇，整体经济实力中等；经济发展质量得分 63.1 分，在全市排名第 51，在全省排名第 656，在全国排名第 12203，超过全国 62.1% 的乡镇，经济发展质量中等；区域开发强度得分为 0，在全市排名第 55，在全省排名第 900，在全国排名第 25274。

二　社会事业发展概况

恩施围绕"补齐民生短板、破解民生难题"，大力推进公共服务均等化，持续改善民生，社会事业发展状况从根本上得到了很大提高。

（一）科教文卫事业

2017 年，恩施市一般公共预算支出 340.25 亿元，增长 6.2%。其中，一般公共服务支出 35.69 亿元，增长 6.0%；社会保障和就业支出 48.12 亿元，增长 3.1%；科学技术支出 3.24 亿元，增长 13.8%；教育支出 66.36 亿元，增长 9.5%；医疗卫生与计划生育支出 39.47 亿元，增长 11.3% 等。实施义务教育"全面改薄"项目 1112 个，建成标准化村卫生室 300 个。强力推进教育、医疗卫生信息化建设，"班班通"实现全覆盖，同步课堂恩施模式在全国推介；县级公立医院综合改革全面实施，分级诊疗和远程医疗稳步推进。创新探索解决农村教师"引不来、留不住"难题，在全省率先实施农村教师"订单"委培。发展文化体育事业，世界文化遗产唐崖土司城顺利开园，大型乡村音乐剧《黄四姐》荣获全国第五届少数民族文艺会演银奖。贯彻落实各项惠民政策，发放创业担保贷款 2.73 亿元，城镇新增就业 3.89 万人，新建保障性住房 10938 套，改造农村危房 10928 户，城乡居民社会养老保险实现全覆盖。出生人口性别比持续下降。安全生产、农产品质量安全、食品药品安全、信访维稳工作持续向好，平安恩施建设扎实推进，自治州人民群众安全感、社会治安满意度均居全省前列。

科技创新取得新突破。截至 2017 年底，恩施全市高企总数达到 20 家，高新产品备案总数达到 25 个，全年实现高新技术产值 9.74 亿元，增加值 2.21 亿元，分别占 GDP 的 4.61%、1.05%。争取省企业研发费用补助资金近 20 万元，兑现本级高新技术企业培育与专利奖补资金 73 万余元；成功申报州级科技项目 9 项、省级科技项目 4 项，实施本级科技项目 10 项，争取上级科技项目资金近 600 万元、安排本级科技项目资金 130 万元，带动社会研发投入近 4000 万元；完成专利申请 405 件（其中发明专利申请 243 件），同比增长 39.18%，专利授权 144 件（其中发明专利授权 20 件），同比增长 50%，落实兑现各级专利奖补财政资金 86.5 万元；完成技术交易登记 1.25 亿元，成果转化 3 项；认定国家星创空间 1 个、申报国家众创空间 1 个、认定省级科技企业孵化器 2 家、认定自治州级人才创新创业平台 3 个，争取省自治州"双创"平台建设奖补资金 100 万元。2016 年，共投入科技财政资金 630 万元（其中上级 560 万元，本级 70 万元），实施科技项目 35 个（省级科技项目 4 个，州级科技项目 20 个），带动社会研发投入 2000 多万元。全年共申请专利 476 件（其中发明专利 264 件），实用新型 165 件，外观设计 74 件，专利授权

119 件；新认定省级知识产权示范建设企业 2 家。

教育事业蓬勃发展。截至 2017 年，恩施市辖区拥有幼儿园 118 所，小学 105 所，初级中学 25 所（含九年一贯制学校 3 所），高级中学 8 所，中等职业学校 2 所，特殊教育学校 1 所，乡村教学点 76 个。学前教育在园人数 22225 人，小学在校学生 52613 人，小学学龄儿童入学率 100%，初中学龄入学率 100%，初中毕业生升学率 91.46%，九年义务教育完成率 98.78%。普通高中在校学生 16722 人，特殊教育学校在校学生 112 人。学前教育拥有教职工 1736 人，其中专任教师 751 人；小学教育拥有教职工 2620 人，其中专任教师 2601 人；初级中学拥有教职工 2083 人，其中专任教师 1903 人；高级中学拥有教职工 1229 人，其中专任教师 1080 人。各类教育成效显著。

文化事业不断繁荣。恩施全州文化系统有表演场所 9 个，文化馆 9 个，博物馆 10 个，体育场馆 14 个，公共图书馆 9 个，图书总藏量 269.96 万册。全年广播综合人口覆盖率 99.48%，电视综合人口覆盖率 99.16%。4 县市成功创建全省文化体育示范区，举办了恩施州第八届运动会。全州注册运动员近 900 人，其中 513 人获省运会注册资格。大型南剧《初心》入选 2017 年省委宣传部文艺精品创作扶持项目，并作为全国十台少数民族精品剧目之一进京汇报演出，歌曲《龙船调的家》获得湖北省第七届音乐最高奖金编钟奖。

医疗卫生事业稳步推进。恩施市辖区拥有卫生机构 321 个，其中医院 16 个、乡镇卫生院 17 个、村及城区卫生室（所）288 个。城乡医疗服务网络、设施和技术水平不断提高。

全年市财政直接用于医疗卫生与计划生育支出 7.15 亿元。全市辖区医疗机构年末拥有医疗床位 7223 张，按常住人口计算，每千人拥有医疗床位 9.3 张。卫生技术人员 6855 人，其中执业（助理）医师 2260 人、注册护士 3571 人。

（二）基础设施建设

城市路网逐步完善。实施城市重点项目 60 个，完成固定资产投资 13.7 亿元；投资 2.6 亿元，实施农村通畅工程 510 公里、公路安全生命防护工程 497 公里；城镇化率达 54.8%。内畅外联的城市路网加快形成。恩施客运中心站正式运营，新增停车泊位 700 个，年末全市实有公共汽车营运车辆 283 辆、市内客运出租汽车 840 辆。

乡镇安全饮水、污水处理、垃圾无害化处理工程全面启动。投资 5931 万元，解决 5.4 万农村居民饮水安全问题。农村自来水普及率 79.86%。城市生活垃圾填埋场正式运营，新建城市公厕 5 座、改建 28 座。在全州率先启动 13 个乡镇污水处理项目建设。"户集、村收、乡转、市处"的农村垃圾处理体系不断完善。

农村电网改造有序实施。投资 9297 万元，新改建农村电网 400 公里。信息产业提速发展，建成全省地市（州）第一家信息化综合平台——"长江云·云上恩施"；以"宽带恩施"为主的信息网络建设全面提速，城市光纤覆盖率达 100%，宽带进村比例达 97%，恩施"信息高速公路"建设达到了全省领先水平。截至 2016 年末，全州邮电业务收入 27.42 亿元，光缆线路长度 8.84 万公里。恩施市拥有固定电话用户 4.6 万户，同比增长 10.8%；拥有移动电话用户 81.4 万户。

城市功能不断健全，城市品位不断提升。10 个州级公园、36 个社区公园建设稳步推进。城市绿化覆盖率达 38%，绿地率达 33.17%。"六城"同创深入推进，全国民族团结进步示范市、省级文明城市再次成功创建，获评省级环保模范城市，国家森林城市创建取得"门票"。

交通运输、邮电通信及旅游方面，截至 2016 年底，恩施市四级及以上公路里程达 2736.21 公里，同比增长 6.4%，其中一级公路 28.56 公里，二级公路 389.78 公里，三级公路 138.08 公里，四级公路 2179.79 公里。拥有民用汽车 96119 辆，摩托车 72823 辆。年末实有公共汽车营运车辆 283 辆。市内客运出租汽车 840 辆。截至 2016 年末，拥有固定电话用户 4.6 万户，同比增长 10.8%；拥有移动电话用户 81.4 万户。受 5A 级景区恩施大峡谷带动，乡村休闲旅游快速发展。2016 年全市旅游综合收入达到 114.1 亿元，增长 20%，旅游入境外汇收入 629 万美元。恩施市全年接待国内游客 1473.05 万人次，增长 17.7%。

（三）人民生活和社会保障

2017 年，恩施州全年全体居民人均可支配收入 15259 元，比上年增长 9.7%；人均生活消费支出 11534 元，增长 10.6%。农村常住居民人均可支配收入 9588 元，增长 9.9%；人均生活消费支出 7891 元，增长 11.2%。城镇常住居民人均可支配收入 26766 元，增长 9.7%；人均生活消费支出 18927 元，增长 10.1%。恩格尔系数为 36.1%，其中城镇恩格尔系数为 33.0%，农村恩格尔系数为 39.8%。

一是全州一般公共预算支出 340.25 亿元，增长 6.2%。其中，一般公共服务支出 35.69 亿元，增长 6.0%；社会保障和就业支出 48.12 亿元，增长 3.1%。2017 年末，恩施全州企业基本养老保险参保人数 38.47 万人，机关事业单位养老保险参保人数 2.63 万人；工伤保险参保人数 19.98 万人；失业保险参保人数 14.41 万人；生育保险参保人数 10.28 万人；城镇职工基本医疗保险参保人数 25.63 万人，城镇居民基本医疗保险参保人数 22.43 万人，新农合参保人数 318.81 万人。城乡居民社会养老保险参保人数 187.12 万人。全年征收各项社会保险费 44.36 亿元。二是全州全年新增城镇就业人员 4.45 万人，城镇登记失业率为 1.31%。城镇失业人员再就业 0.87 万人，就业困难人员再就业 0.34 万人，扶持创业 0.40 万人，带动就业 1.32 万人。全年新增高技能人才 0.11 万人。2017 年末全州实有市场主体 22.65 万户，比上年增长 12.6%。其中，私营企业 3.63 万户、外商投资企业 249 户、内资企业 0.27 万户、个体工商户 17.65 万户、农民专业合作社 1.08 万户。全年新登记各类市场主体 4.1 万户，比上年增长 1.9%。三是全州脱贫攻坚深度推进，全年减贫人口 12.38 万人。全州城镇居民最低生活保障人数 1.34 万人，农村居民最低生活保障人数 19.20 万人。年末收养性社会福利单位 132 个，床位数 1.57 万张。农村特困人员救助供养 1.78 万人。

2017 年，恩施市全年城镇新增就业人数 8493 人，城镇登记失业率为 0.5%。参加各种社会保险人数 131.19 万人，其中，企业基本养老保险 9.03 万人，机关事业单位基本养老保险 1.56 万人，城乡居民养老保险 35.07 万人，城镇职工基本医疗保险 5.86 万人，城乡居民医疗保险 66.53 万人。养老保险覆盖率 99.73%，医疗保险覆盖率 99.39%。医疗、教育等领域公共服务水平提升等。

第三节　恩施经济发展瓶颈

杨家山村所处的恩施州始建于 1983 年 8 月，是全国最年轻的少数民族聚居的自治州，发展底子薄、发展底盘轻、经济总量小、人均可支配收入水平低、小康程度低、脱贫攻坚任务重，恩施市和屯堡乡也都在其中，发展中存在的各种困难和问题突出。

一　基础薄弱

从体量上看，恩施州经济总量在全省占比较低。全州拥有全省 13% 的面积、近 6% 的常住人口，2016 年仅创造了全省 2.3% 的地区生产总值和地方一般公共预算收入、2.4% 的固定资产投资、3.2% 的社会消费品零售总额、2.6% 的存款余额、2.2% 的贷款余额。

从人均指标看，人均发展水平落后。2016年恩施全州人均GDP在22047元左右，为全省地市州最低，刚刚达到全省人均GDP的四成，人均投资完成额不到全省的五成，农村常住居民人均可支配收入不到全省的七成。

从工业化水平看，仍处于工业化初期阶段。2016年全州三次产业结构为20.7：36.0：43.3，第一、第二产业占比分别下降0.8个和0.4个百分点，第三产业占比提高1.2个百分点。但农业占比仍然偏高，高于全省平均水平10个百分点、高于全国平均水平12个百分点；工业占比低于全省平均水平9个百分点；GDP占全省的2.3%，工业仅占全省的1.7%，农业占比达到全省的4.4%，产业结构仍处于工业化初期阶段。

从小康实现程度看，全面小康实现程度低。据《全面建成小康社会统计监测指标体系及评价值》测算，2015年恩施州全面建成小康社会总体实现程度为78.60%，比全省平均水平低11.47个百分点，实现程度居全省第13位。在39项监测指标中，人均GDP、居民人均收入、R&D经费支出占GDP比重、每万人专利拥有量等与小康目标值差距较大。

二 增长压力大

发展实体经济困难多。恩施全州556家规模以上工业企业有169家减产，减产面达三成，去产能对部分产煤县造成较大压力。工业品去库存仍需加力，年末规模工业企业存货37.97亿元，同比增长8.2%，其中产成品存货

17.64 亿元，同比增长 7.1%。2016 年末，新增规模以上工业企业 71 家，但大部分规模小，市场竞争力不强。企业面临的融资难、融资贵等问题无法从根本上缓解，中长期贷款中的经营贷款比年初减少 2.35 亿元。高新技术产业、高新技术含量的产品较少，高新技术产业增加值 10.3 亿元，占 GDP 的比重为 1.4%，全年没有新增高新企业。从现实困难看，加快发展任务艰巨。从实体经济运行监测看，新经济、新动能在成长，但一时还不足以成为经济发展的"四梁八柱"，新经济向上的动能还不足以抵消经济的下行压力，加快发展还面临不小阻力，发展任务十分艰巨。

政府财政收支压力加大。恩施州经济税源结构单一，对划转税收依赖性强，卷烟划转税收在整个收入结构中"一家独大"且短期内难以改变，2016 年湖北中烟公司划转恩施州税费收入 56.2 亿元，占地方财政总收入的 39.4%，新增税源上规模、上层次的不多，存量税源挖潜增收有限，财政收入持续增收压力较大。各级财政盘活存量资金后可用财力减少，工资、养老保险改革等政策性支出，以及教育、社会保障和就业、医疗卫生等民生支出刚性增长，财政支出压力加大。[①]

三 发展不均衡

杨家山村所处的恩施州、恩施市及屯堡乡发展不均衡

① 详见恩施土家族苗族自治州统计局《2016 年恩施州经济形势分析》。

问题表现在多个方面，归纳起来主要有：一是经济结构落后于空间结构，工业化水平落后于城镇化水平。工业增加值占地区生产总值的比重为29.1%，不足30%，仍然处于工业化初期阶段；城镇化率为43.5%，工业化滞后于城镇化，在产城融合上没有同频共振，城镇化缺乏强有力的产业支撑。二是民营经济发展活力不足。全州私营企业数只占全省的3.7%，民营经济增加值占GDP的比重为43.9%，低于全省平均水平11.2个百分点。全州495家民营规模以上工业企业中，产值过亿元的只有64家，税收过1000万元的企业只有23家。2017年全州民间投资298.17亿元，仅占投资总额的36%，比全省民间投资占比低25.6个百分点；全州民间投资同比下降1.4%，低于全省民间投资增幅8.5个百分点。三是区域发展不平衡。恩施州8县市除恩施市以外均为限制开发的生态功能区，在全省县域考核中均属三类县市，县域经济实力总体不强。2017年县域经济发展不平衡的现象更加突出，有5个县GDP增速低于全州平均水平，高于全国平均水平的仅有恩施、利川2市，高于全省平均水平的仅有恩施市；有4个县的一般公共预算收入和地方税收收入增速低于全州平均水平，预算收入增速最低的县仅为0.7%。

四 内生动力不足

工业经济发育不良。从工业经济增量看，2017年恩施州新增规模以上工业企业25家，其中17家是2016年底入库的"小进规"企业，2017年新建投产规模工业企业仅有8家。全州528家规模工业企业，停减产企业165家，停减产面达31%。当年新培育的企业增量严重不足，难以弥补企业退规、停减产、去产能形成的缺口，直接影响了工业经济稳定增长。从工业对经济的贡献率看，工业对GDP增长的贡献率从2016年的30.6%降到2017年的20.9%，对经济增长的拉动率从2.4%降到1.3%，贡献率减弱近10个百分点，经济拉动率降低1.1个百分点，工业增值税同比下降5.5%。

投资带动作用不明显。恩施州投资总量小，仅占全省投资总量的2.6%，是全省除林区和直管市外投资总量未过千亿元的2个市州之一，人均投资水平仅为全省的四成。2017年恩施州投资效果系数0.09，即恩施州每亿元固定资产投资增加900万元GDP，而全省投资效果系数0.14，恩施州每亿元投资增加的GDP比全省少500万元，投资效果系数下降。

工业投资严重不足。2017年171个省州级重点项目中只有13个工业项目；恩施全州供应工矿用地49宗，面积56.2公顷（843亩），同比减少48%；工业贷款同比下降4.7%。2017年全州工业投资虽有恢复性增长，但是占固定资产投资总额的比重仅为16.2%，湖北全省工业投资占比39.9%，恩施州低于全省23.7个百分点。近年来，工业投资在投资总额中的比重持续下降，已连续3年低于20%，工业对经济增长的贡献率也从40%下降到2017年的20%。

创新驱动能力较弱。高新技术企业占比低，战略性新兴产业发展滞后，创新能力不足。2017 年全州规模以上高新技术工业企业 36 家，高新技术产业增加值占 GDP 比重仅为 1.0%。战略性新兴产业企业 33 家，产值仅占规模以上工业总产值的 6.3%。规模以上工业企业研发经费支出占主营业务收入比重不足 1%。工业发展过分依赖传统产业、过度依赖要素驱动的路径依赖仍然存在，资源型制造业抗风险能力弱，创税能力不稳定，支柱财源和替代财源的健康发展也受到制约。

第三章

杨家山村经济社会发展状况

第一节　杨家山村基本情况

一　地理位置及人口情况

　　杨家山村隶属恩施市屯堡乡。屯堡乡位于恩施市西部，距城区 21 公里，地处东经 111° 15′ ~110° 27′，东与小渡船办事处交界，西与利川市毗邻，南与白果乡相连，北与板桥镇接壤，交通便利，318 国道、屯渝公路贯穿境内。屯堡乡人口 70044 人[①]，面积 350.69 平方公里（包含沐抚办事处），耕地面积 82668 亩，林地近 30 万亩，森林覆盖率为 66.8%。

----

　　① 屯堡乡人民政府公众信息网数据为"现有人口 70435 人"。

乡政府驻屯堡集镇石场坝，下辖屯堡、沐抚2个居委会和大庙、营上、木贡、高台、马者、杨家山、鸭松溪、大树垭、新街、车坝、田凤坪、花枝山、罗针田、黄草坡、坎家、鸦丘坪、双龙17个村委会。

杨家山村位于屯堡乡集镇西北部，距恩施市23公里，距屯堡乡政府1公里，屯渝公路穿境而过，大峡谷旅游通道横贯全村，面积15.6平方公里，毗连狮子岩村、段家山村、清水塘村、旧街村。2002年杨家山村由周边石院墙村、龙王塘村、杨家山村、伴云庵村、落业坝村5个自然小村合并而成，现有石院墙、龙王塘、沙坝、周家村、杵杵河、梨子树、邵家湾、冬井湾、紫竹园、招富山、落业坝11个村民小组。耕地面积5511.1亩，其中水田1763亩，林地面积25057.5亩，森林覆盖率85%，村支柱产业以茶叶为主。

杨家山村依山傍水，清江河、龙桥河流经全境，黄鹤

图3-1　课题组成员与屯堡乡驻村干部合影

图 3-2　课题组到杨家山村农户家里去

楼生态走廊贯穿全境 4 公里，南方约 44.6 公里处为铜盆水森林公园，花团锦簇，民风淳朴，被称为"小台湾""世外桃源"。杨家山村属于山区地貌，主要有石灰岩（喀斯特地貌）和泥岩两大岩系，境内山高坡陡，以梯田和坡耕地为主，地表平均坡度 16°。境内最高点海拔 1560 米，最低点海拔 463 米，相对高差 1097 米，平均海拔 1011 米。杨家山村属二高山气候，气候类型为亚热带大陆性季风性气候，冬无严寒，夏无酷暑，雨量充沛，四季分明。

截至 2016 年底，该村户籍人口共有 1465 户 5348 人，常住人口 5373 人，少数民族人口 2641 人，其中大龙潭库区移民 58 户 224 人，人口自然增长率 4‰，人口密度 344 人 / 平方公里。[①] 全村劳动力 2650 人，党员 116 人，村干部 9 人，文盲、半文盲 228 人，残疾人 72 人（见表 3-1）。

表 3-1　杨家山村 2016 年底人口基本情况

项目	数量
总户数（户）	1465
总人口数	5348
其中：少数民族人口数	2641
文盲、半文盲人口数	228
残疾人口数	72
常住人口数	5373
劳动力数	2650

　　资料来源："精准扶贫精准脱贫百村调研"行政村调查问卷——杨家山村。

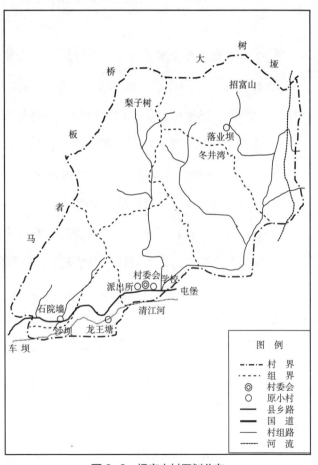

图 3-3　杨家山村区划分布

精准扶贫精准脱贫百村调研·杨家山村卷

二 资源状况

屯堡乡境内河流纵横，清江河上游贯穿全乡 30 多公里，清江流域、车坝河流域形成了全乡丰富的水利资源，乡内有州、市水电站 11 座，被誉为"水电之乡"；境内矿产资源丰富，有高岭土矿、煤矿、硫铁矿、硒矿、石英矿等；特产有花枝茶、沙龙茶、搬木茶等茶叶及烟叶。屯堡乡旅游资源开发潜力巨大，拥有姚家坪库区、大龙潭库区、车坝河库区，形成"三位一体"的水库旅游风景区。朝东岩风景区、铜盆水森林公园、十里绝壁等为恩施市所独有。杨家山村是距离屯堡乡最近的村之一，也是面积和人口大村，拥有较为丰富的土地资源、林地资源和水利资源等。

（一）土地资源

杨家山村土地总面积 38823.6 亩。其中，耕地面积 5511.1 亩（水田 1763 亩，旱地 3748.1 亩）；园地面积 8255 亩；林地面积 25057.5 亩（村集体公益林 5700 余亩，退耕还林 5800 亩，疏林地、未成林造林地、荒坡地等 7448 亩）。全村闲置抛荒耕地面积 417 亩，农用地中属于农户自留地 514 亩，未发包集体耕地 4 亩，2016 年底土地确权登记发证 5487.3 亩。目前，共有 6 户农户参与耕地林地流转，对外流转耕地面积 19.8 亩（流转平均租金 29069.9 元 / 亩），对外流转林地面积 5.8 亩（流转平均租金 17000 元 / 亩）。

表3-2 杨家山村2016年底土地资源及利用情况

单位：亩，户

项目	数量	项目	数量
耕地面积	5511.1	全村闲置抛荒耕地面积	417
其中：水田	1763	农用地中属于农户自留地面积	514
旱地	3748.1	未发包集体耕地面积	4
园地面积	8255	2016年底土地确权登记发证面积	5487.3
林地面积	25057.5	参与耕地林地等流转农户数	6
其中：退耕还林面积	5800	农户对外流转耕地面积	19.8
疏林地、未成林造林地、荒坡地等面积	7448	农户对外流转林地面积	5.8

资料来源："精准扶贫精准脱贫百村调研"行政村调查问卷——杨家山村。

　　杨家山村土壤类型为泥沙土，耕地的潜在养分、有机质及全氮含量中等。坡耕地因水土流失而土层薄、土壤颗粒变粗、土壤有机质贫瘠、土地产出能力低下。山间平地、川地土壤肥沃，适于种植水稻、玉米、薯类、豆类等农作物和茶叶、柑橘、桃、李、板栗等经济林木，适宜种植茶叶的面积达8000亩。境内物产丰富，以大米、玉米、蔬菜、茶叶、林果、生猪等农、林、牧业产品为主。植被以天然林地和灌丛杂草为主，天然林多为针、阔叶混交林，常见树种为马尾松、刺槐、意杨、刺杉、柳杉、枫香等，人工栽植的生态经济兼用树种主要为板栗、柑橘、桃树、李树等，森林覆盖率达到85%。矿产资源主要为高岭土、煤炭和铁矿等，拥有一座高岭土厂等。

（二）水资源

杨家山村地表水系较发达，大小沟壑共有 12 条，总长度 43.5 公里，沟壑密度 2.78 公里/平方公里。清江和龙桥河两条大型河流流经杨家山村，小溪流颇多，水资源丰富，拥有 2 座水电站。杨家山村滑坡体为恩施特大型市级地质灾害点，在 80 年代曾发生过大面积滑坡，滑坡体大约有 6300 万立方米，严重影响了梨子树、邵家湾、杵杵河等村民生产生活。

三　交通状况

要想富，先修路。杨家山村由于山大人稀，村内交通落后，交通条件差，大部分地区依然是泥沙路，普遍存在路基窄、路面差、坡度大、弯道急等问题。

2015 年，杨家山村使用财政专项扶贫资金 250 万元新建通村沥青（水泥）路 4.2 公里；2016 年，新修通村道路总长 1 公里，宽 4.5 米。从 2014 年至 2017 年，全村共投入 20 万元用于落业坝、石院墙、杵杵河的道路维修维护，投入 126 万元用于屯堡桥头至梨子树组 4.2 公里公路的改扩建及硬化。

目前，村内修通村组之间道路 65 公里，其中未硬化路段 58 公里，已基本实现全村 11 个村民小组都通公路，每年村两委都积极组织村民对已有公路进行维修维护、改建扩建，但村内道路均未安装路灯。

图 3-4　杨家山村村组乡间小路

图 3-5　杨家山村到农户家的路

四　组织建设

杨家山村党支部现有党员 116 人，其中高中及以上学历 20 人，60 岁以上党员有 72 人，35 岁以下党员有 18 人。

支部委员会有 4 名干部，有第一书记 1 人，村支部书记、村委会主任 1 人，委员 4 人，国家干部 1 人，大学生村官 1 人，后备干部 3 人。但编制少、待遇差、学历低成为目前村干部组织存在的主要问题，也让很多事务的处理不及时、效率低。全村共有 11 个党小组，有村民小组长 11 人、村民代表 33 人。村委会定期召开党员代表会议，并设置有村务监督委员会和民主理财小组。

第二节　杨家山村经济发展状况

近年来，杨家山村因地制宜，大力发展乡村经济，基本形成了以茶叶、干鲜果、生猪养殖业为主的支柱产业。目前已经建立了农民合作社 10 个，包括药材银杏、茶叶和生猪养殖等产业，家庭农场 4 个，专业大户 12 户，农业企业 9 家，加工制造企业 14 家，主要涉及农副食品加工和茶叶加工，餐饮企业 5 家，批发零售、超市、小卖部 14 个。

一　主要收入来源

杨家山村人多、耕地少，人均耕地仅 1 亩，农业经济结构单一，科技含量低，农产品商品化率低，副业较少，经济来源主要是传统种植业、养殖业和劳务收入。2016 年，全村实现农村经济总收入7683.59万元，其中，农业收入3418.85万元，林业收入148万元，牧业收入1566.7万元，渔业收入3万元，工业收入1460.39万元，建筑业收入340.2万元，运输业收入247.95万元，商饮业收入312万元，服务业收入140万元。常年外出务工人员753人，外出劳务收入666万元。2016年全村人均纯收入仅7500元，农民生活较为贫困。①

图3-6　课题组在杨家山村入户调研

二　特色产业和绿色基地

杨家山村大力发展茶叶经济，现有茶园4827亩，与乡茶办确定了7个样板点750亩茶园，并按照"一富五零"的高标准进行管理。2016年共采摘鲜茶25万公斤，平均一亩收入1000元，茶叶总收入达2500余万元。^①油茶面积达3200亩。分片组织召开现场会，宣传油茶剪枝、定型等管理技术，计划2017年投产面积达500亩，年底出售油茶籽500公斤，收入达6000多元。突出建管并重，体现管理出效益、管理出质量、管理出希望。

用生态优势促经济发展，林业产业托起精准扶贫的希望，建成一批特色富民产业基地，帮助农民建起"绿色银行"，形成全村"爱绿、护绿、敬绿、尊绿"的生态氛围。2016年恩施金杏药材专业合作社在杨家山村发展项目面积达1500亩，合作社与农户签订合同承诺以保底价回收叶子。合作社2016年销售额达300余万元，带动贫困户40户，银杏苗圃种植7户，户均增收500元。

三 发展养殖业情况

从精准扶贫角度，对比屯堡乡其他村，杨家山村最大的特色就在于有本地的养殖大户参与扶贫。抢抓畜牧市场回暖和畜牧产业恢复性增长机遇，积极引导村民发展生猪养殖。2016年初协助乡畜牧中心搞好春防工作，有能繁母猪存栏1320头，出栏仔猪11500头，育肥猪3200头，销售收入达7500多万元。杨家山村围绕"五个一批"开展扶贫工作，动员当地的农业、养殖业大户参与扶贫，为贫困户提供物质上的支持，以生态补偿等方式实现共同获

---

① 资料来源于杨家山村2016年度工作总结。

益。2016年，全村生猪出栏量13802头，鸡出栏量38508只，羊出栏量380只。[1]

四 种植业情况

杨家山村主要种植作物有玉米、马铃薯和中稻，其中玉米种植面积1500亩，单产为300公斤/亩，市场均价2.2元/公斤；马铃薯种植面积2650亩，单产为400公斤/亩，市场均价1.2元/公斤；中稻种植面积1500亩，单产为500公斤/亩，市场均价2元/公斤。[2]

从杨家山村的基础底子看，杨家山村产业结构不合理，茶叶、蔬菜等价值高的经济作物种植基地化、产业化程度低，非农产业缺乏，产业基础薄弱，资源利用和效益发挥都不够充分，农村经济基本没有抵抗自然灾害和市场风险的能力，农民几乎没有现金储备，生产资料相对匮乏，群众生活困难，集体经济几乎为空白。但经过一番艰苦努力，杨家山村经济发展状况正在好转。

五 产业结构调整

杨家山村产业基础十分薄弱，为了帮助农户及早走上脱贫致富路，当地政府从产业结构入手，进行多次布局摸索。

探索种养结合，发展壮大第一产业。近年来茶叶、油

---

① 资料来源于"精准扶贫精准脱贫百村调研"行政村调查问卷——杨家山村。
② 资料来源于"精准扶贫精准脱贫百村调研"行政村调查问卷——杨家山村。

茶、烟叶、油菜、蔬菜和药材等经济作物种植趋于稳定。2016年计划规模种植烟叶，新增茶园、绞股蓝、药材等；发展壮大养殖业，自2015年开始新增注册了一批生态养殖专业户，产品主打绿色无公害，已逐步走向市场。恩施市卡门养殖专业合作社经营家禽和禽蛋产品批零业务，包括在省内武汉等卖场进行定点销售。

把第二产业发展作为重头戏。茶叶和绞股蓝的加工在当地是第二产业中的主力军，大小茶叶加工单位、绞股蓝加工企业不断增加。硒茶是全村的特色产品，其中恩施市华智有机茶公司等8家茶叶加工单位拥有含硒丰富的21个茶叶基地，占全州74个硒茶基地的28.38%。具备了做大做强硒茶品牌的独特优势，有利于深入推进茶产业链的建设。每年春季，全村会紧锣密鼓地采摘春茶，进行一年中价值最高的茶叶产品加工和销售。

把第三产业作为全村经济发展的补充。利用"硒""恩施大峡谷品牌"效应，以养生旅游、农业观光、乡村休闲度假为核心，大力发展生态农业，推动旅游业的发展，带动住宿餐饮业等发展，积极发挥农户的主动性和创造性。例如，拟成立农业开发有限公司筹措资金进行相应投资，用于瓜果、花卉等农作物种植和生态农业观光服务及田园婚纱摄影基地项目建设；利用电商平台拓宽特色农产品的销售渠道。基于未来网上交易将会占主导地位的电商发展趋势，组织农产品生产单位通过阿里巴巴电子商务平台在网上销售特色农产品，将富硒农副产品卖出大山、卖出品牌、卖出价格。截至 2016 年，全乡有 13 家企业和加工厂确定入驻电商平台。据悉，政府针对入驻阿里巴巴电商平台的单位会给予补助，入驻单位自费 3580 元，政府再无偿补贴 3580 元。

第三节　杨家山村社会事业发展状况

一　美丽乡村建设

党的十八大以来，习近平总书记就"美丽乡村"建设提出了一系列重要思想，强调要推进农村人居环境整治，继续推进社会主义新农村建设，为农民建设幸福家园和美丽乡村。杨家山村也搭乘农村改革的"顺风车"，按照"产业兴旺、生态宜居、乡风文明、治理有效、生活富裕"的乡村振兴战略要求，以"促脱贫、奔小康"为目标，打造美丽乡村示范点，实现经济社会发展携手共进、互利共赢，全面打赢脱贫攻坚战。

杨家山村位于清江河畔，以往泥石流时有发生，造成农户无家可归。退耕还林（草）工程的实施，大幅增加了森林覆盖率和绿地覆盖率，遏制了水土流失，有效改善了生态环境。杨家山村经退耕还林（草）之后，生态环境大为改善。

污水横流、畜禽乱放、垃圾遍地是过去杨家山村环境的真实写照。如今，干净整洁的道路，错落有致的特色民居，行走于田间地头，让人感觉仿佛进入了一幅美妙的新农村锦绣图。杨家山村为宣传水源保护，多处设置宣传牌，形成人人珍惜水、人人节约水的良好风尚。目前，全村建有垃圾中转站，1 个垃圾池、32 个垃圾箱，集中处置垃圾。村里配有保洁员，确保垃圾及时清理、道路干净整洁。同时，杨家山村大力宣传《大气污染防治法》和相关环保法律法规，营造保护绿色生态的良好氛围。

逢年过节燃放爆竹这种习俗在我国已有两千多年的历史，至今人们仍对这一习俗情有独钟。为推进生态文明，建设美丽乡村，提升人民群众幸福指数，打造宜居宜商宜旅的"花园屯堡"，2016 年底，屯堡乡通告在全乡范围内禁止燃放烟花爆竹，一方面消除了安全隐患，另一方面也在很大程度上避免了空气污染。

杨家山村畜牧业的快速发展最初也给环保带来了诸多问题。《全国农村沼气发展"十三五"规划》提出，"十三五"期间，国家将投资 500 亿元发展沼气工程，旨在让农村的沼气池设施覆盖更全面。其中，对于中小沼气工程、农村沼气建设项目，补贴标准是 20 万元左右。发展农村沼气池能够有效促使人畜粪便及秸秆、垃圾得到合理利用，厨房无炊烟、厕所无臭气，农民生产生活环境大为改善。另外，沼渣、沼液是富含多种营养成分的优质有机肥，可减少农田的化肥施用量。

杨家山村的一些畜牧业养殖户斥资建设沼气池，并修建运输管道，把猪粪发酵而成的沼液用作农家肥，输送到杨家山村茶农的茶园中，以此提高当地茶叶的生产质量，促进绿色茶园的健康发展。2017 年全村户用沼气池数量达到 812 个。

绿水青山守得住，金山银山自然来。在"治""绿"行动中，"治"出的是新面貌，"绿"染的是新生态。随着一项项利民工作的加快推进，生态文明理念深入人心，环境保护合力集聚形成，像保护眼睛一样保护生态环境，像对待生命一样对待生态环境。杨家山村的青山绿水和蓝天白云，正在为美丽"花园屯堡"建设注入越来越多的"生态自信"和"生态能量"。

2015 年杨家山村总投资 45 万元（其中财政专项扶贫资金 7.65 万元）用于 9 户危房改造，2016 年总投资 35 万元（其中财政专项扶贫资金 7.35 万元）用于 7 户危房改造，努力改善农户居住环境。2014~2017 年，全村共投入 60 万元完成了 38 户特色民居改造。[①]

改善乡村村容村貌，农村治安问题也是一个复杂又迫切需要解决的现实问题，农村各种刑事犯罪增加，群众缺乏安全感。在课题组选取的 62 户杨家山农户样本中，家庭在安全方面采取防护措施的占比并不高，农户认为家庭周边治安较好。

---

① 资料来源于"精准扶贫精准脱贫百村调研"行政村调查问卷——杨家山村和屯堡乡杨家山村精准扶贫总结。

图 3-7 杨家山村侧影

二 乡村基础设施建设

"听水响，看水流，一日三餐为水愁。"多年来，用水问题一直是杨家山村和恩施市其他偏远地区村民面临的一大难题，恩施市委、市政府铆足干劲解决"一杯清水"的民生问题。结合农村饮水，以及水源、水量、水质和新农村建设、集镇发展等实际情况，以乡集镇为点建设较大规模集中供水工程，并逐步向周边村组延伸，实现了由原来的小厂、小网向现在的大厂、大网，单点独网向多点联网转变的引水工程建设新格局，极大地节约了工程建设和管理成本。

监管并重是杨家山村"盘活"小水窖建设的制胜法宝。每建一个小水窖前，该村都会召集受益农户开会，与村民"谈妥"责任分工，即国家出项目资金，村民投工投劳建设小水窖，水窖建成后再推选出管水员或管水委员会。村里推选出德高望重的村民组成管水委员会，监督管水员的工作和村民的用水行为，义务收取保管水费和管网维护资金，并推选出责任心强、做事踏实、长期在家的村民当管水员，专门负责管护小水窖和管网。2016年，杨家山村投资140万元新建自来水入户35户，共建有9座小型水窖，铺设饮水管网2万多米，成立村级管水协会1个，村民推选出9个管水委员会，惠及2000多个村民。[①] 能够使用净化处理的自来水的家庭有362户，自来水单价为1.8元/吨，使用自来水之外的管道供水的家庭有179户，714户农户存在饮水困难。

图3-8　杨家山村村管道供水设施

杨家山村加强电力保障，2016年投资50万元新增农村电网改造2处，70户家庭受益；近四年共投入564.2万

① 《恩施市已筹资3751万元建成人畜安全饮水集中供水工程36处》，《湖北日报》2014年11月27日。

图 3-9　杨家山村的电网

图 3-10　课题组为到杨家山村村组贫困户家询路

元新建 19 台变压器改善居民用电情况。目前，全村已通电用电户数达 1460 户，通电率为 99.7%，居民用电单价为 0.558 元 / 度，2016 年全年停电次数仅有 10 次。[①]

三 教育

杨家山村为山区地貌，交通不便，给适龄学生就学带来了一些困难，但总体学生在校情况较好，未出现失学辍学现象。

学前教育方面，全村 188 名 3~5 周岁儿童均在接受学前教育。1 所私立幼儿园容纳学生 140 名，收费标准为 1800 元 / 月；48 名学生正在接受学前班教育，收费标准为 1800 元 / 月。

全村小学阶段适龄学生有 322 名，其中女生有 180 名，均处在小学义务教育阶段。村里没有设置小学，300 名学生在乡镇上学，20 名在县市小学，2 名在外地小学。

初中阶段教育方面，乡镇中学与杨家山村最远距离为 15 公里，有 130 名学生在乡镇中学就读，其中 70 名女生，100 名住校生。乡镇中学会按照规定为学生提供免费的午餐。由于父母在外工作等因素，全村还有 15 名学生在县城中学就读，8 名学生在外地中学就读。

表 3-3　2016~2017 学年杨家山村教育情况

学前教育			
本村 3~5 周岁儿童人数	188	本村幼儿园、托儿所数量（个）	1
幼儿园在园人数	140	幼儿园收费标准（元 / 月）	1800
学前班在学人数	48	学前班收费标准（元 / 月）	1800
小学阶段教育			
本村小学阶段适龄儿童人数	322	在县市小学上学人数	20
其中：女生数	180	其中：女生数	12
在乡镇小学上学人数	300	去外地上学人数	2
其中：女生数	160	其中：女生数	1
失学辍学人数	0		

初中阶段教育			
乡镇中学离本村距离（公里）	1~15	在县城中学上学人数	15
在乡镇中学上学人数	130	其中：女生数	5
其中：女生数	70	去外地上学人数	8
住校生人数	100	其中：女生数	3
失学辍学人数	0		

资料来源："精准扶贫精准脱贫百村调研"行政村调查问卷——杨家山村。

四 卫生医疗

杨家山村处于山区地带，解决村民"看病难"问题是一项重要工作。全村在卫生医疗建设方面严格按照国家有关规定，设置卫生室2个，药店（铺）2个，医生2人（均具有行医资格证书），为全村提供妇幼、医疗保健服务。但未来在很多方面仍亟须改善，如全村还没有接生人员和敬老院，医疗卫生条件欠佳。

图3-11　落业坝卫生医疗点

五 社会保障

农村社会保障是关系农民切身利益的热点问题。近年来，屯堡乡党委、政府高度重视农村社会保障问题，按照城乡统筹发展的要求，进一步完善农村社会保障制度，加大公共财政投入，让所有农民都能够享受到公共财政的红利，确保发展成果能够惠及农民，解决农民群众生产生活的后顾之忧。

杨家山村村民参与社会保障较为积极，全村共有1401户5264人参加了每年收费150元/人的新型合作医疗，参保率达到98.4%；共有1400户1812人参加了社会养老保险，参保率为33.9%。全村另有274人属于低保人口，33人属于五保供养人口（见表3-4）。

表3-4 杨家山村2016年社会保障状况

项目	数量	项目	数量
参加新型合作医疗户数（户）	1401	低保人数	274
参加新型合作医疗人数	5264	五保供养人数	33
新型合作医疗缴费标准［元/（人·年）］	150	集中供养人数	4
参加社会养老保险户数（户）	1400	集中与分散供养相结合五保人数	1
参加社会养老保险人数	1812	五保供养村集体出资金额（元）	0

资料来源："精准扶贫精准脱贫百村调研"行政村调查问卷——杨家山村。

在课题组走访调研中，不少村民反映，现在看病能报销了，并且报销比例不断上升，但是并没有感受到实惠。究其原因，在于医疗费用增长过快，甚至是不合理增长。这既有补偿机制不健全、价格机制不完善、支付方式不合理的原因，也有药价虚高、无序就医、过度医疗的原因。因此，在医药改革方面，既要限制药占比，又要限制医疗费用增长，真正让老百姓享受到政策的红利。

六　文化生活

据了解，杨家山村是中国西部地区少数民族聚居地，土家族、苗族等少数民族人数占该村总人口的49.4%，有着丰富的民族民间文化资源。舞蹈《打连响》，是当地家喻户晓的一个传统节目，是人们休闲娱乐的首选。

除了传统文化的沿袭和发展，杨家山村的现代通信和传媒服务也在逐步完善，村民的文化生活进一步丰富。2016年，全村（1465户）使用有线电视或卫星电视的家庭超过1400户，使用电脑的家庭超过340户，该村手机信号覆盖率达到90%，常住人口（5373人）中有3617人使用智能手机。[①]

但总体来说，杨家山村村民综合素质不高，思想观念较为落后，科技意识较为淡薄，接受现代农业科学技术的能力较弱，并且村里还没有较为成形的文化社团，文化场所极少，没有对村民进行农业技术培训和职业技术培训，图书馆、文化站、棋牌活动场所等文化基础设施不完善，需要进一步加强。

未来，杨家山村应着手于精神文明建设，弘扬家风、民风、党风"三风"建设，结合本村实际完善村规民约，充分调动村民的文化主动性和积极性。

① 资料来源："精准扶贫精准脱贫百村调研"行政村调查问卷——杨家山村。

图 3-12　杨家山村文化生活场景

第四节　杨家山村发展瓶颈及成因

从杨家山村所处大环境看，当前恩施州发展所处历史阶段与新常态下动能转换、转型升级现实背景共存，发展中的新旧矛盾叠加，远近困难交织，而杨家山村小气候与大环境同频共振，经济发展中的困难和问题更具复杂性、长期性和艰巨性。为缩小与全省乃至全国平均水平的差距、实现同步小康，杨家山村既要"转"又要"赶"，在经济社会发展长期保持追赶姿态下，更应对所存在的困难和问题进行破解。从不同维度看，杨家山村发展的瓶颈及其成因既有客观的又有主观的，既有历史的也有当前的，既有人为的也有规律性的，但归纳起来主要有如下方面。

一 历史因素

从历史阶段看，赶超发展具有长期性。一是杨家山村经济基础十分薄弱，发展起点低。杨家山村属于湖北省级重点贫困村，人均可支配收入大大低于全市平均水平，多年来无经济基础，发展迟缓。长期以来，村集体经济收入全部依赖财政补贴，无任何其他收入来源。二是村内山区地貌，村民由原来 5 个村落合并而成，村民中少数民族占到 50% 左右，居住分散，山大人稀，交通不便，难以集中组织和统筹发展，导致农村的产业结构调整十分困难。

二 自然因素

受自然环境条件的限制，杨家山村的经济社会发展和扶贫脱贫攻坚进度较慢。恩施州是典型的喀斯特地貌，生态环境脆弱，发展受到制约。杨家山村属于山地地形，地面坡度大，且处于山体滑坡活跃地区。该地滑坡体属特大型深层岩土混合滑坡体，滑坡体现变形范围长约 1000 米、宽 300~500 米，面积约 40 万平方米，加之亚热带季风气候降水较多，导致山体滑坡、泥石流等自然灾害频发，往往给当地造成极大的经济损失。杨家山村滑坡体为恩施特大型市级地质灾害点，梨子树、邵家湾、杵杵河组为省级地质灾害点，涉及 170 户 536 人，该区域住户安全无法保障，同时局限了产业发展。

三 经济因素

一是农业经济结构单一。以传统种植业、养殖业和劳务输出为主，传统农业种植业主要作物为水稻、玉米、马铃薯，养殖业主要养殖猪和鸡，农业科技含量低，农产品商品化率低，茶叶、蔬菜等经济价值高的经济作物种植基地化、产业化程度低，产业发展基础薄弱，资源利用和效益发挥都不够充分。非农产业严重缺乏，经济来源主要是传统种植业、养殖业和打工收入，农民生活较为贫困。二是限制开发。生态环境保护，决定了经济发展必须适度。尤其在大山深处，经济发展与生态环境保护有着突出矛盾，该村经济发展规模受到限制。如何处理好绿水青山与经济发展的关系至关重要。杨家山村地处国家重点生态功能区，清江河、龙桥河流经全境，黄鹤楼生态走廊贯穿全境，屯渝公路穿境而过，是前往恩施大峡谷的必经之路，因州城饮用水源、旅游公路沿线规划，属限制开发区域，这直接影响了杨家山村养殖业、企业投资建厂。在全面建设小康社会的过程中，既要实现跨越发展，又要保护生态环境，要实现生态、生产、生活统筹发展，这个巨大的挑战不容回避。

四 基础设施

长期以来村内基础设施条件较差，村内通向各村组的道路达到 65 公里，但近 90% 的路段尚未硬化，大部分是泥沙路，下雨后更是崎岖泥泞。公路设计等级低和普遍存在的路基窄、路面差、坡度大、弯道急且部分是断头公路等问题，导致通行不畅、运载力差、安全隐患大，且道路两旁无路灯等基础设施配备。村内使用净化处理的自来水的用户仅362户，使用自来水之外的管道供水的用户179户，饮水困难户达714户之多。[①] 村内缺少排灌站和机电井等农田水利设施，灌溉基本靠地表水，基本农田排灌不畅，导致冷浸田、乱泥田较多，农业生产效率低下，农民增收渠道少，没有形成良好的产业链。相对恶劣的自然环境与落后的基础设施严重阻碍了当地的经济发展。

当前恩施州的互联网普及率远低于发达地区。在入户调查的62户农户中，多为留守老人和儿童，智能手机和电脑、互联网的普及率极低，只有10%的家庭接入了互联网。有被访者向调研组反映，要附近有10户以上家庭提出互联网宽带需求，移动公司才会上门安装。由于山区老年人居多，居住极为分散，很难满足移动公司安装宽带的户数要求，宽带普及率低。网络通信覆盖率低，信息传递滞后，金融活动不方便，严重影响经济发展。

五　人文因素

据统计，截至2016年，杨家山村文盲、半文盲人口有228人，占村民总数的4.26%，整体素质较低。有相当

---

① 资料来源："精准扶贫精准脱贫百村调研"行政村调查问卷——杨家山村。

一部分贫困户由于交通闭塞、受教育程度不高或身患大病无力医治等，不同程度地存在"等靠要"的依赖思想和惰性，不仅缺乏生产积极性，内生动力不足，而且缺乏资金支持；不仅物质方面匮乏，而且思想精神方面的贫乏也很突出，扶贫扶志扶智任务艰巨。

第四章

杨家山村及所在区域贫困现状

第一节 杨家山村所处区域贫困现状

一 恩施州、恩施市的贫困现状

恩施土家族苗族自治州地处湘、鄂、渝三省（市）交
会处，归属武陵山片区。武陵山特困集中连片区集革命老
区、民族地区和贫困地区于一体，是跨省交界面大、少数
民族聚居多、贫困人口分布广的连片特困地区。武陵山片
区区域发展与扶贫攻坚规划指出，2010 年，农民人均纯收
入 3499 元，仅相当于全国平均水平的 59.1%。按照国家
统计局测算结果，2009 年，农民人均纯收入低于 1196 元
的贫困人口 301.8 万人，贫困发生率达 11.21%，比全国

高 7.41 个百分点。《中国农村扶贫开发纲要（2001~2010年）》实施期间，武陵山片区共确定 11303 个贫困村，占全国的 7.64%。[①] 恩施州作为湖北省唯一被纳入西部大开发的民族自治州，全州 8 个市县均为国家认定的湖北省扶贫开发重点县，因此也成为武陵山片区重点扶贫开发的主战场。

据统计，2012 年国家贫困线标准提高到 2300 元后，恩施州贫困人口 153.7 万人，约占全省贫困人口的 1/5，占全州总人口的 1/3 强。大多数贫困人口集中在深山区、高寒区，脱贫难度大，返贫概率高，要在"十二五"期末由整体解决温饱向全面实现小康转变，任务还十分艰巨。[②] 到 2013 年底，全州贫困人口还有 129 万人，约占全省贫困人口的 1/5，占全州总人口的 1/3。全州还有约 1500 个村需要通过整村推进才能实现整体脱贫，还有近 10 万户 40 万人居住在深山区、高寒区、地方病多发区，需要实施扶贫搬迁才能从根本上摆脱贫困。[③] 截至 2014 年底，恩施州 88 个乡镇、729 个重点贫困村，建档立卡的绝对贫困人口仍有 92 万人，要完成 2020 年整体脱贫目标，平均每天需减贫 460 人左右。[④] 2015 年，恩施州在全州范围内深入组织开展精准扶贫大调研活动，按照"实事求是、因地制宜、分类指导、梯次推进"的原则，指导各地编制精准扶

---

① 江国钧、谢小青、王金昌等：《民族地区扶贫现状与困境的对策研究——以湖北省恩施州为例》，《财政科学》2017 年第 3 期。
② 资料来源于恩施州扶贫办 2012 年工作年报。
③ 资料来源于恩施州 2013 年扶贫开发工作总结。
④ 资料来源于恩施土家族苗族自治州人民政府《恩施州排定 729 个重点村脱贫时表》。

贫规划，分类确定按期、提前摘帽的村和人口，明确时间表、任务书和路线图。经过自下而上，从村一级对贫困家庭贫困程度、致贫原因、发展潜力的逐一摸排，明确了全州 28.7 万贫困户、729 个贫困村、91 个乡镇的脱贫时间。[①] 总体来看，恩施州的扶贫脱贫任务严峻，不容放松。

恩施市有建档立卡贫困村 145 个，贫困人口 176036 人；2017 年确定深度贫困村 19 个。2014~2018 年，累计出列 111 个村，脱贫 44267 户 142869 人。贫困发生率由 2014 年的 26.08% 降至 2018 年底的 4.91%。目前，该市留存 34 个贫困村 12589 户 33167 人。按计划于 2019 年底实现全市脱贫摘帽。

二　屯堡乡贫困现状

屯堡乡下辖车坝村、花枝山村、杨家山村、马者村、新街村等 13 个行政村和 1 个屯堡乡居委会。自精准扶贫以来，2014 年建档立卡贫困户 4198 户 12848 人，当年实现脱贫 613 户 2056 人；2015 年还有未脱贫贫困户 3585 户 10792 人，有 675 户 2269 人实现脱贫；2016 年屯堡乡扶贫工作精准识别花名册表明，全乡登记在案的贫困户共计 2910 户 8523 人，预脱贫户 870 户 2804 人（见图 4-1、图 4-2）。

① 资料来源于恩施州 2015 年精准扶贫工作总结。

图 4-1　2014~2016 年屯堡乡扶贫脱贫户数

资料来源：屯堡乡贫困人口精准识别最终锁定花名册（2016 年 9 月 9 日）。

图 4-2　2014~2016 年屯堡乡扶贫脱贫人数

资料来源：屯堡乡贫困人口精准识别最终锁定花名册（2016 年 9 月 9 日）。

第二节　杨家山村贫困状况

一　建档立卡贫困人口变动情况

杨家山村最初建档立卡的贫困户有 592 户 1825 人，

贫困人口精准扶贫总规模锁定 526 户共计 1637 人，2014 年实现脱贫 114 户 435 人，2015 年实现脱贫 47 户 174 人，还有 412 户贫困户共计 1202 人、新增贫困户 9 户贫困人口 33 人，2016 年再一次入户采集信息，实现脱贫 25 户 77 人，但仍有未脱贫贫困户 374 户贫困人口 1061 人。截

图 4-3　课题组到杨家山村入户调研（一）

图 4-4　课题组到杨家山村入户调研（二）

至 2017 年 8 月，有 7 户 24 人实现脱贫，还有 350 户贫困户 999 人未脱贫，同时又新增贫困户 5 户贫困人口 11 人（见图 4-5、图 4-6、表 4-1、表 4-2）。①

全村共有 3 个驻村工作队、59 名帮扶责任人。按照全市精准扶贫 "789" 时间节点和 "622" 进度安排，着力道路通畅、饮水安全、电力保障、特色产业增收、医疗卫生、文化建设、乡村信息化等，充分发挥党员干部的战斗堡垒作用、致富能人的标兵示范作用、专业合作社的引领带动作用，因地制宜、量身定制脱贫计划。2017~2019 年按照要求完成脱贫任务，到 2019 年实现全村整体脱贫，达到 2019 年整村脱贫、2020 年 "户销号" 的整体目标。②

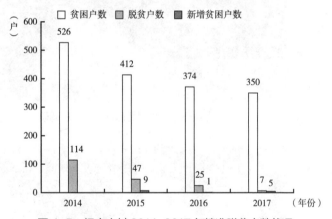

图 4-5　杨家山村 2014~2017 年精准脱贫户数状况

注：2017 年脱贫和新增贫困户数。

资料来源：2017 年屯堡乡杨家山村精准扶贫工作情况，屯堡乡贫困人口精准识别最终锁定花名册（2016 年 9 月 9 日）。

---

① 资料来源：2016 年杨家村工作总结，屯堡乡贫困人口精准识别最终锁定花名册（2016 年 9 月 9 日）。

② 资料来源：屯堡乡杨家山村精准扶贫工作情况。

图 4-6　杨家山村 2014~2017 年精准脱贫人数状况

注：2017 年人口数为预脱贫数据。

资料来源：2017 年屯堡乡杨家山村精准扶贫工作情况，屯堡乡贫困人口精准识别最终锁定花名册（2016 年 9 月 9 日）。

表 4-1　杨家山村 2014~2018 年建档立卡贫困户变动情况

单位：户

年份	贫困户数	脱贫户数	新增贫困户数
2014	526	114	—
2015	412	47	9
2016	374	25	1
2017	350	7	5
2018（预计）	348	—	—

资料来源：2017 年屯堡乡杨家山村精准扶贫工作情况，屯堡乡贫困人口精准识别最终锁定花名册（2016 年 9 月 9 日）。

表 4-2　杨家山村 2014~2018 年建档立卡贫困人口变动情况

年份	贫困人数	脱贫人数	新增贫困人数
2014	1637	435	—
2015	1202	174	33
2016	1061	77	15
2017	999	24	11
2018（预计）	986	—	—

资料来源：2017 年屯堡乡杨家山村精准扶贫工作情况，屯堡乡贫困人口精准识别最终锁定花名册（2016 年 9 月 9 日）。

二 贫困户家庭成员构成及特征

（一）家庭成员数量

调查的贫困家庭 46 户、贫困人口 180 人，非贫困户 16 户 66 人。调查结果显示，4 人及以上的家庭中，有 27 户贫困户，占贫困户样本的 58.7%，非贫困户有 11 户，占非贫困户样本的 68.75%；3 口人家庭中，贫困户有 8 户，占贫困户样本的 17.39%，非贫困户有 2 户，占非贫困户样本的 12.5%；2 口人家庭中，贫困户有 5 户，占贫困户样本的 10.87%；只有 1 个人的家庭共有 6 户，全部是贫困户，占贫困户样本的 13.04%。调查发现，1 口人家庭都是孤寡老人和残障人士、2 口人家庭基本都是孤寡老人，二者合计贫困家庭占比达到 24%，远高于非贫困户，而且非贫困户中没有 1 口人家庭（见表 4-3）。由此可见，贫困户家庭成员数在 2 口人以下和 4 口人及以上的占较大比重，这也反映出贫困户多为孤寡、残障家庭和人口超计划的家庭。

表 4-3　杨家山村调查问卷中家庭成员分类情况

单位：户，%

成员个数	总样本		贫困户		非贫困户	
	户数	占比	户数	占比	户数	占比
1	6	9.68	6	13.04	0	0
2	8	12.90	5	10.87	3	18.75
3	10	16.13	8	17.39	2	12.50
≥ 4	38	61.29	27	58.70	11	68.75

资料来源："精准扶贫精准脱贫百村调研"行政村调查问卷——杨家山村。

（二）家庭劳动力数量

问卷调查显示，在调查样本中，非贫困人口中具有普通全劳动力的占比为 60.61%，而贫困人口中这一比例仅为 43.33%。非贫困人口中有 7.58% 的技能劳动力，而贫困人口中这一比例仅为 2.78%。在贫困人口中有 22.78% 的人口部

图4-7　同杨家山村第一书记和驻村干部座谈

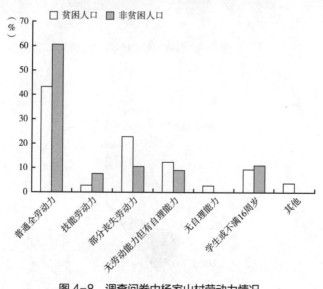

图4-8　调查问卷中杨家山村劳动力情况

资料来源："精准扶贫精准脱贫百村调研"行政村调查问卷——杨家山村。

分丧失劳动力、12.22%的人口无劳动能力但有自理能力，还有 2.78% 的人无自理能力。非贫困人口中部分丧失劳动力的占 10.61%、无劳动能力但有自理能力的占 9%，没有人无自理能力。由此可见，贫困户中部分丧失劳动力、无劳动能力但有自理能力和无自理能力的占比高达 37.78%，远高于非贫困人口，而具有劳动能力，特别是有技能的比例远低于非贫困人口，这也说明了家庭中缺乏劳动力是致贫的重要原因。

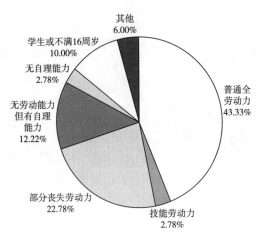

图 4-9　调查问卷中杨家山村贫困人口劳动力状况

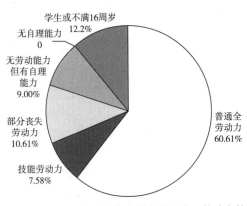

图 4-10　调查问卷中杨家山村非贫困人口劳动力状况

（三）受教育状况

调查结果显示，样本中文盲家庭共计 30 户，占总样本的 48.39%，共计 37 人，占全村文盲半文盲人数的 12.85%。其中有 24 户贫困户，有 6 户非贫困户。家中有 1 个文盲的有 24 户，占样本的 38.71%，其中有 19 户贫困户、5 户非贫困户；家中有 2 个文盲的有 5 户，4 户是贫困户、1 户是非贫困户，共计占总样本的 8.06%；家中有 3 个文盲的有 1 户，是贫困户，占比为 1.61%。由此可见，在调查贫困户中，有 52.17% 的家庭有文盲，这一比例远高于非贫困户，非贫困户只有 37.5% 的家庭有文盲。

贫困户中有小学毕业成员的家庭 31 户，占贫困户样本的 67.39%，共计 62 人小学毕业，占调查贫困人口的 35.43%；非贫困户中有小学毕业成员的家庭 13 户，占非贫困户样本的 81.25%，共计 19 人小学毕业，占调查非贫困人口的 26.76%。虽然从户数占比来看非贫困户中小学毕业的比例大大高于贫困户，但从人数比例来看，贫困户比例要大大高于非贫困户，从有 2 名以上小学毕业成员的家庭户数看，贫困户共有 8 户，这而非贫困户没有，这也进一步表明贫困户小学毕业家庭成员比例更高。家庭有初中毕业成员的情况与小学毕业成员的情况一样，都是贫困人口中初中生学历比例比非贫困人口中初中生比例更高。非贫困人口中拥有大专及以上学历的占 9.86%，而贫困人口该比例仅为 1.71%。由此可见，贫困人口中文盲、低学历

（小学、初中）占比更高，非贫困人口中较高学历的占比更高，显然贫困人口的受教育程度低于非贫困人口（见表4-4、表4-5）。

表4-4　杨家山村2016年村民文化程度情况（按人统计）

单位：%

类型	贫困户		非贫困户		样本数	
	人数	占比	人数	占比	人数	占比
文盲	30	17.14	7	9.86	37	15.04
小学	62	35.43	19	26.76	81	32.93
初中	60	34.29	20	28.17	80	32.52
高中	9	5.14	9	12.68	18	7.32
中专（职高技校）	4	2.29	2	2.82	6	2.44
大专及以上	3	1.71	7	9.86	10	4.07
不确定	7	4.00	7	9.86	14	5.69
合计	175	100.00	71	100.00	246	100.00

资料来源："精准扶贫精准脱贫百村调研"行政村调查问卷——杨家山村。

表4-5　杨家山村2016年村民文化程度情况（按户统计）

单位：户，%

文化程度	贫困户		非贫困户		样本	
	户数	占比	户数	占比	户数	占比
文盲	24	52.17	6	37.50	30	48.39
1	19	41.30	5	31.25	24	38.71
2	4	8.70	1	6.25	5	8.06
3	1	2.17	0	0.00	1	1.61
≥4	0	0.00	0	0.00	0	0.00
小学	31	67.39	13	81.25	44	70.97
1	15	32.61	7	43.75	22	35.48
2	8	17.39	6	37.50	14	22.58
3	4	8.70	0	0.00	4	6.45
≥4	4	8.70	0	0.00	4	6.45

文化程度	贫困户		非贫困户		样本	
	户数	占比	户数	占比	户数	占比
初中	31	67.39	13	81.25	44	70.97
1	12	26.09	7	43.75	19	30.65
2	11	23.91	5	31.25	16	25.81
3	6	13.04	1	6.25	7	11.29
≥4	2	4.35	0	0.00	2	3.23
高中	9	19.57	7	43.75	16	25.81
1	9	19.57	5	31.25	14	22.58
2	0	0.00	2	12.50	2	3.23
≥3	0	0.00	0	0.00	0	0.00
中专（职高技校）	4	8.70	2	12.50	6	9.68
1	4	8.70	2	12.50	6	9.68
2	0	0.00	0	0.00	0	0.00
≥3	0	0.00	0	0.00	0	0.00
大专及以上	3	6.52	9	56.25	14	19.36
1	3	6.52	3	18.75	6	9.68
2	0	0.00	2	12.50	2	3.23
3	0	0.00	0	0.00	0	0.00
≥4	0	0.00	4	25.00	4	6.45

注：调查样本总户数 62 户为计算百分比的依据。

资料来源："精准扶贫精准脱贫百村调研" 行政村调查问卷——杨家山村。

（四）健康状况

从家庭成员健康来看，调查问卷结果显示，贫困户家庭成员健康状况较差，患病、残疾比例较高。样本中家中有残疾人的有 11 户，共计 12 人，全村残疾人数为 72 人，占比为 16.7%；在调查的 62 户中，有 48 人部分丧失劳动能力，涉及 30 户贫困户和 4 户非贫困户；有 28 人无劳动能力但有自理能力，涉及 18 户贫困户和 5 户非贫困户；有

图 4-11　杨家山村锁定易地扶贫搬迁户刘明丹家

图 4-12　杨家山村贫困户郑绍才家

图 4-13　课题组到杨家山村谭枝朝家调研与来访贫困户村民合影

5 人完全无自理能力，涉及 5 户贫困户。家庭成员中患有长期慢性病的贫困户有 36 户，占比为 58.06%，非贫困户有 13 户，占比为 20.97%；家庭成员中患有大病的贫困户有 14 户，占比为 22.58%，非贫困户只有 2 户，占比为 3.23%；而家庭有残疾人的贫困户有 10 户，占比为 16.13%，非贫困户只有 1 户，占比为 1.61%。由此可见，贫困户家庭成员患长期慢性病、大病和残疾的人数和比例都远高于非贫困户，也说明了贫困人口的健康状况远不如非贫困人口。

表 4-6　2016 年杨家山村调查问卷村民健康状况

单位：户，%

健康状况	贫困户		非贫困户		样本	
	户数	占比	户数	占比	户数	占比
健康	37	59.68	15	24.19	52	83.87
1	9	14.52	3	4.84	12	19.35
2	12	19.35	3	4.84	15	24.19
3	9	14.52	3	4.84	12	19.35
≥ 4	7	11.29	6	9.68	13	20.97
患有长期慢性病	36	58.06	13	20.97	49	79.03
1	21	33.87	7	11.29	28	45.16
2	12	19.35	4	6.45	16	25.81
3	3	4.84	2	3.23	5	8.06
≥ 4	0	0.00	0	0.00	0	0.00
患有大病	14	22.58	2	3.23	16	25.81
1	12	19.35	2	3.23	14	22.58
2	2	3.23	0	0.00	2	3.23
≥ 3	0	0.00	0	0.00	0	0.00
残疾	10	16.13	1	1.61	11	17.74
1	9	14.52	1	1.61	10	16.13
2	1	1.61	0	0.00	1	1.61
≥ 3	0	0.00	0	0.00	0	0.00

注：样本总数为 62 户，此为计算百分比的依据。

资料来源："精准扶贫精准脱贫百村调研"行政村调查问卷——杨家山村。

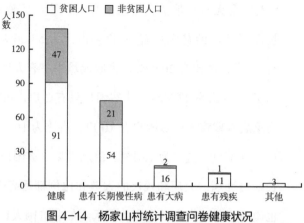

图 4-14　杨家山村统计调查问卷健康状况

图 4-15　入户调查杨家山村因病致贫

图 4-16　课题组到杨家山村因病返贫的李家学家调研

三 家庭收入支出状况

（一）家庭主要收入来源构成

调查结果显示，调查户的主要收入来自工资收入、农业经营收入、非农业经营收入、赡养收入、低保收入、养老金和补贴性收入（救济、农业及其他），而没有财产性收入。在调查样本中，无论是贫困户还是非贫困户，家庭收入来源中工资收入都占比最大。其中贫困户中，以工资收入为主的有 20 户，约占 43.48%；以农业经营收入为主的有 10 户，占比为 21.74%；约有 17.39% 的贫困户以低保收入为主，有 8.7% 的贫困户以非农业经营收入为主，依靠补贴性收入的有 3 户，占 6.52%，依靠赡养收入和养老金的贫困户有 2 户，占比 4.35%。

非贫困户中依靠工资收入的比例则近 2/3；其次是非农业经营收入，有 2 户，占比为 12.5%；以赡养收入、农业经营收入、养老金、补贴性收入为主的家庭各有 1 户。

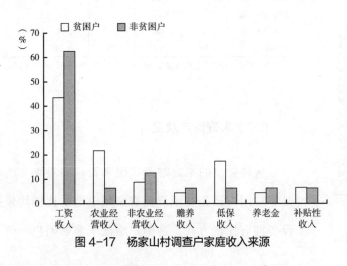

图 4-17 杨家山村调查户家庭收入来源

总体而言，无论是非贫困户还是贫困户，工资收入都是主要家庭收入来源而非农业经营收入，贫困户依靠农业经营收入的比例较非贫困户更高，非贫困户依靠非农业经营收入的比例较贫困户更高，也说明了贫困户更依靠农业收入。

（二）家庭主要收入来源构成

从调查户家庭收入结构来看，如表4-7所示，人均收入在1000元以下的贫困户占13%，1000~1500元的贫困户占比约为9%，有超过20%的贫困户年人均收入在1500元以下。

表4-7 杨家山村调查户家庭收入结构

单位：户，%

家庭人均收入	总样本		贫困户		非贫困户	
	户数	占比	户数	占比	户数	占比
<1000元	7	11.29	6	13.04	1	6.25
1000~1500元	4	6.45	4	8.70		
1501~2000元	1	1.61			1	6.25
2001~2500元						
2501~3000元	1	1.61	1	2.17		
≥3001元	49	79.03	35	76.09	14	87.50

资料来源："精准扶贫精准脱贫百村调研"行政村调查问卷——杨家山村。

（三）家庭财产状况

从调查户的家庭财产状况来看，如表4-8所示，无论是非贫困户还是贫困户拥有家用电器的比例均较高；通信设备拥有比例方面，贫困户略低于非贫困户，两者拥有手机的比例均较高，拥有智能手机的比例均在 70% 以上，拥有电脑和固定电话的比例均较低；贫困户拥有交通工具的比例大大低于非贫困户；拥有农机的比例非常小，仅 1 户非贫困户拥有。

表 4-8　杨家山村调查户家庭财产结构

单位：户，%

家庭财产	总样本		贫困户		非贫困户	
	户数	占比	户数	占比	户数	占比
彩色电视机	47	75.81	33	71.74	14	87.50
空调	4	6.45	3	6.52	1	6.25
洗衣机	40	64.52	29	63.04	11	68.75
电冰箱或冰柜	43	69.35	34	73.91	9	56.25
电脑	7	11.29	5	10.87	2	12.50
固定电话	5	8.06	2	4.35	3	18.75
手机	56	90.32	41	89.13	15	93.75
联网智能手机	46	74.19	34	73.91	12	75.00
摩托车 / 电动自行车（三轮车）	21	33.87	13	28.26	8	50.00
轿车 / 面包车	8	12.90	1	2.17	7	43.75
卡车 / 中巴车 / 大客车	1	1.61	1	2.17		
农机	1	1.61			1	6.25

资料来源："精准扶贫精准脱贫百村调研"行政村调查问卷——杨家山村。

（四）家庭支出状况

关于家庭各项支出构成，调查结果显示，调查的贫困户和非贫困户家庭支出构成基本一致，家庭主要负担来自食品和教育两方面支出。占比最高的是食品支出，贫困户该比例约为 31%，非贫困户该比例约为 39%；其次是教育支出，贫困户和非贫困户该比例均在 26% 左右；报销后医疗支出在贫困户和非贫困户中均约占五分之一。尤为引

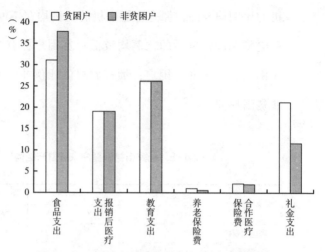

图 4-18　2016 年杨家山村家庭生活消费支出状况

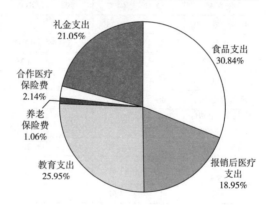

图 4-19　2016 年杨家山村贫困户家庭生活消费支出状况

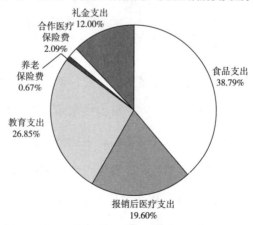

图 4-20　2016 年杨家山村非贫困户家庭生活消费支出状况

人注目的是礼金支出占比较高，在贫困户支出中占比高达21%，在非贫困户支出中占比也达到了12%；贫困户和非贫困户家庭支出中养老保险费占比均最低。

（五）家庭存贷款状况

调查的贫困户家庭中有7户有存款，占15.22%，非贫困户有3户有存款，占18.75%。贫困户中有借款的占43.48%，非贫困户中有借款的占50%。借款来源主要是私人借款，其中一半贫困户的借款来自私人借款，而非贫困户中该比例为37.5%，两者基本都没有来自正规金融机构的借款。关于借款用途，调查问卷结果显示，主要借款用途是助病助残，即治病，其中贫困户中有5户，占27.78%，非贫困户中有2户，占28.57%；只有1户贫困户借款是用于发展生产，有1户贫困户借款是为生活开支，还有1户贫困户借款是为婚丧嫁娶（见表4-9）。此外，调查问卷中"其他"选项贫困户占比55.56%，而非贫困户高达71.43%，这些借款超过一半用于建房和购房。

表4-9　杨家山村调查户借款用途

单位：户，%

借款用途	总样本		贫困户		非贫困户	
	户数	占比	户数	占比	户数	占比
发展生产	1	4.00	1	5.56		
异地搬迁						
助学						
助病助残	7	28.00	5	27.78	2	28.57
婚丧嫁娶	1	4.00	1	5.56		
生活开支	1	4.00	1	5.56		
其他	15	60.00	10	55.56	5	71.43

资料来源："精准扶贫精准脱贫百村调研"行政村调查问卷——杨家山村。

四 住房状况

调查结果显示，在调查的 62 户中，只有 1 户没有住房，有 1 户是共有住房，有 1 户有 3 处住房，有 3 户有 2 处住房，有 56 户有 1 处住房。贫困户中，2/3 的住房是平

图 4-21 杨家山村贫困户住房情况

图 4-22 杨家山村贫困户生活卫生情况

房，1/3 的是楼房，而非贫困户的住房情况恰好相反。住房所用的建筑材料情况如表 4-10 所示，占比最高的是砖混材料，贫困户该比例为 60.87%，贫困户住房用钢筋混凝土的最少，只有 1 户；住房用草土坯的贫困户和非贫困户占比均较高，非贫困户更是高达 25%，这也表明杨家山村还有相当一部分家庭住房条件较差。调查结果显示，如表 4-11 所示，贫困户中对住房"不太满意""很不满意"的比例合计达 54.3%，而非贫困户两者占比合计 37.5%。

表 4-10　杨家山村调查户住房建筑材料情况

单位：户，%

住房建筑材料	总样本		贫困户		非贫困户	
	户数	占比	户数	占比	户数	占比
草土坯	10	16.13	6	13.04	4	25.00
砖瓦砖木	8	12.90	7	15.22	1	6.25
砖混材料	35	56.45	28	60.87	7	43.75
钢筋混凝土	4	6.45	1	2.17	3	18.75
其他	5	8.07	4	8.70	1	6.25

资料来源："精准扶贫精准脱贫百村调研"行政村调查问卷——杨家山村。

表 4-11　杨家山村调查户住房满意度情况

单位：户，%

住房满意度	总样本		贫困户		非贫困户	
	户数	占比	户数	占比	户数	占比
非常满意	5	8.06	2	4.35	3	18.75
比较满意	16	25.81	11	23.91	5	31.25
一般	10	16.13	8	17.39	2	12.50
不太满意	16	25.81	14	30.43	2	12.50
很不满意	15	24.19	11	23.91	4	25.00

资料来源："精准扶贫精准脱贫百村调研"行政村调查问卷——杨家山村。

五 生活条件

在调查户中，有超过40%的家庭没有任何取暖设施。贫困户主要靠传统炉子取暖，占21.74%，非贫困户主要用电暖气取暖，占比为37.5%；"其他"项涉及的取暖设施主要是柴火，贫困户这一比例高达34.78%。由此可见，贫困户基本没有采用现代化的取暖方式（见表4-12）。

图4-23 杨家山村贫困户生活条件调查

调查结果显示，有一半以上的贫困户没有沐浴设施，有15%的贫困户有电热水器，约有11%的贫困户安装了太阳能热水器（见表4-13）。

表 4-12　杨家山村调查户取暖设施情况

单位：户，%

取暖设施	总样本		贫困户		非贫困户	
	户数	占比	户数	占比	户数	占比
无	26	41.94	19	41.30	7	43.75
炕	1	1.61	1	2.17	—	—
炉子	11	17.74	10	21.74	1	6.25
土暖气	—	—	—	—	—	—
电暖气	6	9.68			6	37.50
空调	—	—	—	—	—	—
市政暖气	—	—	—	—	—	—
其他	18	29.03	16	34.78	2	12.50

资料来源："精准扶贫精准脱贫百村调研"行政村调查问卷——杨家山村。

表 4-13　杨家山村调查户沐浴设施情况

单位：户，%

沐浴设施	总样本		贫困户		非贫困户	
	户数	占比	户数	占比	户数	占比
无	26	41.94	24	52.17	2	12.50
电热水器	13	20.97	7	15.22	6	37.50
太阳能热水器	12	19.35	5	10.87	7	43.75
空气能	—	—	—	—	—	—
燃气	1	1.61			1	6.25
其他	10	16.13	10	21.74		

资料来源："精准扶贫精准脱贫百村调研"行政村调查问卷——杨家山村。

关于饮用水，调查结果显示，20.97%的调查户用上了经过净化处理的自来水，52.17%的贫困户水源是受保护的井水和泉水，仍有 26.09%的贫困户饮用不受保护的井水和泉水，这一比例比非贫困户约高出 8 个百分点。无论是贫困户还是非贫困户，均有 90%以上的管道供水入户。有 61%的贫困户和 73%的非贫困户都不存在饮水困难，有 27.27%的贫困户和 13.33%的非贫困户还存在"当年连续缺水时间超过 15 天",有 11.36% 的贫困户和 13.33% 的非贫困户"间断或定时供水",只有 4.55% 的贫困户存在较严重的饮水困难,"单次取水往返时间超过半小时"(见表 4-16)。

表 4-14 杨家山村调查户主要饮用水源结构

单位:户,%

饮用水源	总样本		贫困户		非贫困户	
	户数	占比	户数	占比	户数	占比
经过净化处理的自来水	13	20.97	10	21.74	3	18.75
受保护的井水和泉水	34	54.84	24	52.17	10	62.50
不受保护的井水和泉水	15	24.19	12	26.09	3	18.75

资料来源:"精准扶贫精准脱贫百村调研"行政村调查问卷——杨家山村。

表 4-15 杨家山村调查户管道供水情况

单位:户,%

管道供水情况	总样本		贫困户		非贫困户	
	户数	占比	户数	占比	户数	占比
管道供水入户	56	91.80	41	91.11	15	93.75
管道供水至公共取水点						
没有管道设施	5	8.20	4	8.89	1	6.25

资料来源:"精准扶贫精准脱贫百村调研"行政村调查问卷——杨家山村。

表 4-16 杨家山村调查户饮水困难情况

单位:户,%

饮水困难情况	总样本		贫困户		非贫困户	
	户数	占比	户数	占比	户数	占比
单次取水往返时间超过半小时	3	4.84	2	4.55	1	6.67
间断或定时供水	7	11.29	5	11.36	2	13.33
当年连续缺水时间超过 15 天	14	22.58	12	27.27	2	13.33
无上述困难	38	61.29	27	61.36	11	73.33

资料来源:"精准扶贫精准脱贫百村调研"行政村调查问卷——杨家山村。

如表 4-17 所示，在厕所类型上，贫困户主要还是传统旱厕，占比为 65.22%，有卫生厕所的贫困户占比为 13.04%，有 19.57% 的贫困户没有厕所等。

图 4-24　杨家山村村民家中的卫生间

表 4-17　杨家山村调查户厕所类型

单位：户，%

厕所类型	总样本		贫困户		非贫困户	
	户数	占比	户数	占比	户数	占比
传统旱厕	37	59.68	30	65.22	7	43.75
卫生厕所	14	22.58	6	13.04	8	50.00
没有厕所	10	16.13	9	19.57	1	6.25
其他	1	1.61	1	2.17		

资料来源："精准扶贫精准脱贫百村调研"行政村调查问卷——杨家山村。

关于生活污水排放，调查结果表明，有 63.04% 的贫困户和 56.25% 的非贫困户生活污水随意排放；有 17.39% 的贫困户和 25.00% 的非贫困户生活污水排到家中渗井；贫困户生活污水没有通过管道排放的，只有 2 户非贫困户污水是通过管道排放的，占调查总样本的 3.23%（见表 4-18）。

表 4-18　杨家山村调查户生活污水排放情况

单位：户，%

生活污水排放	总样本		贫困户		非贫困户	
	户数	占比	户数	占比	户数	占比
管道排放	2	3.23			2	12.50
排到家中渗井	12	19.35	8	17.39	4	25.00
院外沟渠	8	12.90	7	15.22	1	6.25
随意排放	38	61.29	29	63.04	9	56.25
其他	2	3.23	2	4.35		

资料来源："精准扶贫精准脱贫百村调研"行政村调查问卷——杨家山村。

关于生活垃圾处理，调查结果显示，有 78.26% 的贫困户和 68.75% 的非贫困户生活垃圾是随意丢弃的；有 15.22% 的贫困户和 25.00% 的非贫困户生活垃圾是定点堆放的；只有 4.84% 的调查户生活垃圾送到垃圾池（见表 4-19）。

表 4-19　杨家山村调查户生活垃圾处理情况

单位：户，%

生活垃圾处理	总样本		贫困户		非贫困户	
	户数	占比	户数	占比	户数	占比
送到垃圾池等	3	4.84	2	4.35	1	6.25
定点堆放	11	17.74	7	15.22	4	25.00
随意丢弃	47	75.81	36	78.26	11	68.75
其他	1	1.61	1	2.17		

资料来源："精准扶贫精准脱贫百村调研"行政村调查问卷——杨家山村。

调查户住房周边的道路情况，有 58.7% 的贫困户和 50.0% 的非贫困户的入户道路是泥土路；有 15.22% 的贫困户和 6.25% 的非贫困户的入户道路是砂石路；只有 26.09% 的贫困户入户道路是水泥或柏油路，这一比例大大低于非贫困户，这是因为多数贫困户仍住在偏远的山上等（见表 4-20）。

表 4-20 杨家山村调查户入户道路类型

单位：户，%

入户路类型	总样本		贫困户		非贫困户	
	户数	占比	户数	占比	户数	占比
泥土路	35	56.45	27	58.70	8	50.00
砂石路	8	12.90	7	15.22	1	6.25
水泥或柏油路	19	30.65	12	26.09	7	43.75

资料来源："精准扶贫精准脱贫百村调研"行政村调查问卷——杨家山村。

关于家庭周围存在的污染情况，无论是贫困户还是非贫困户，有水污染的占比均排第一位，分别为 46.15% 和 60.00%；贫困户中排第二的是有垃圾污染，占 23.08%（见表 4-21）。

表 4-21 杨家山村调查户家庭周围存在的污染情况

单位：户，%

家庭周围存在的污染情况	总样本		贫困户		非贫困户	
	户数	占比	户数	占比	户数	占比
有水污染	9	50.00	6	46.15	3	60.00
有空气污染	2	11.11	1	7.69	1	20.00
有噪声污染	3	16.67	2	15.38	1	20.00
有土壤污染	1	5.56	1	7.69		
有垃圾污染	3	16.67	3	23.08		

资料来源："精准扶贫精准脱贫百村调研"行政村调查问卷——杨家山村。

调查结果显示，对于居住周边环境的满意度，总体来看，非贫困户满意度要高于贫困户，贫困户中有 19.51% 的表示"不太满意"、7.32% 的表示"很不满意"；而非贫困户二者合计的比例约为 13%（见表 4-22）。

表 4-22　杨家山村调查户对居住环境的满意程度

单位：户，%

对你家周围的居住环境是否满意	总样本		贫困户		非贫困户	
	户数	占比	户数	占比	户数	占比
非常满意	11	19.64	9	21.95	2	13.33
比较满意	22	39.29	16	39.02	6	40.00
一般	10	17.86	5	12.20	5	33.33
不太满意	9	16.07	8	19.51	1	6.67
很不满意	4	7.14	3	7.32	1	6.67

资料来源："精准扶贫精准脱贫百村调研"行政村调查问卷——杨家山村。

六　生活状况

对现在生活状况满意程度方面，调查的贫困户中，有26.09%的表示"不太满意"，有17.39%的表示"很不满意"；表示"比较满意"的占19.57%，表示"非常满意"的占4.35%。而非贫困户的情况恰好相反，对生活现状"不太满意"和"很不满意"的，合计占比为18.75%；表示"比较满意"和"非常满意"的合计占比43.75%。总体来看，非贫困户满意度大大高于贫困户，合计超过40%的贫困户对生活现状不满意（见表4-23）。

表 4-23　杨家山村调查户对生活状况的满意程度

单位：户，%

对现在生活状况满意程度	总样本		贫困户		非贫困户	
	户数	占比	户数	占比	户数	占比
非常满意	3	4.84	2	4.35	1	6.25
比较满意	15	24.19	9	19.57	6	37.50
一般	21	33.87	15	32.61	6	37.50
不太满意	14	22.58	12	26.09	2	12.50
很不满意	9	14.52	8	17.39	1	6.25

资料来源："精准扶贫精准脱贫百村调研"行政村调查问卷——杨家山村。

与 5 年前相比，调查贫困户中有 15.22% 的认为目前生活状况"好很多"，有 41.30% 的认为"好一些"，但相当部分贫困户认为生活状况没有变化，占比为 19.57%，还有近 6.52% 的贫困户认为生活状况有所恶化；非贫困户中高达 75% 的认为生活状况有所改善（见表 4-24）。

表 4-24　杨家山村调查户的生活状况变化程度

单位：户，%

与 5 年前比， 生活状况变化	总样本		贫困户		非贫困户	
	户数	占比	户数	占比	户数	占比
好很多	12	19.35	7	15.22	5	31.25
好一些	26	41.94	19	41.30	7	43.75
差不多	12	19.35	9	19.57	3	18.75
差一些	8	12.90	8	17.39		
差很多	4	6.45	3	6.52	1	6.25

资料来源："精准扶贫精准脱贫百村调研"行政村调查问卷——杨家山村。

调查贫困户中，有 65.21% 的认为生活水平比多数亲朋好友都要差，其中高达 41.30% 的认为与多数亲朋好友相比生活水平"差很多"；认为与多数亲朋好友相比生活水平"差不多"的占 28.26%；仅有 6.52% 的认为生活水平好于多数亲朋好友（见表 4-25）。

图 4-25　杨家山村石院墙组贫困户

表 4-25　杨家山村调查户与多数亲朋好友比较的生活水平

单位：户，%

与多数亲朋好友比生活怎样	总样本		贫困户		非贫困户	
	户数	占比	户数	占比	户数	占比
好很多	3	4.84	2	4.35	1	6.25
好一些	1	1.61	1	2.17		
差不多	18	29.03	13	28.26	5	31.25
差一些	15	24.19	11	23.91	4	25.00
差很多	25	40.32	19	41.30	6	37.50

资料来源："精准扶贫精准脱贫百村调研"行政村调查问卷——杨家山村。

调查贫困户中，有 71.74% 的认为生活水平比本村多数人都要差，有 15.22% 的认为"差不多"；但引人注意的是，有 13% 的贫困户认为生活状况好于本村多数人，这正说明了贫困户的精准识别方面存在问题（见表 4-26）。

表 4-26　杨家山村调查户与本村人比较的生活水平

单位：户，%

与本村多数人比生活怎样	总样本		贫困户		非贫困户	
	户数	占比	户数	占比	户数	占比
好很多	4	6.45	3	6.52	1	6.25
好一些	5	8.06	3	6.52	2	12.50
差不多	7	11.29	7	15.22		
差一些	25	40.32	16	34.78	9	56.25
差很多	21	33.87	17	36.96	4	25.00

资料来源："精准扶贫精准脱贫百村调研"行政村调查问卷——杨家山村。

对于 5 年后的生活状况，贫困户比非贫困户更悲观，有 58.69% 的贫困户和 75.00% 的非贫困户认为 5 年后生活状况会有所改善，有 21.74% 的贫困户和 18.75% 的非贫困户认为"不好说"；有 10.87% 的贫困户较悲观，认为生活状况会"差一些"（见表 4-27）。

表 4-27　杨家山村调查户对 5 年后生活状况的展望

单位：户，%

觉得 5 年后生活状况会怎样	总样本		贫困户		非贫困户	
	户数	占比	户数	占比	户数	占比
好很多	11	17.74	6	13.04	5	31.25
好一些	28	45.16	21	45.65	7	43.75
差不多	5	8.06	4	8.70	1	6.25
差一些	5	8.06	5	10.87		
差很多						
不好说	13	20.97	10	21.74	3	18.75

资料来源："精准扶贫精准脱贫百村调研"行政村调查问卷——杨家山村。

第五章

杨家山村贫困状况及致贫原因

第一节　恩施市和屯堡乡致贫原因及影响

一　恩施市致贫原因

表5-1为恩施市致贫原因统计。

表5-1　恩施市致贫原因统计

致贫原因	占贫困户百分比（％）	贫困户数（户）	贫困人口数
因病	44.94	5658	14943
因残	18.24	2296	5613
缺劳力	9.44	1188	2214
缺技术	8.42	1060	3034
因学	5.49	691	2481

致贫原因	占贫困户百分比（%）	贫困户数（户）	贫困人口数
交通条件落后	4.91	618	1896
自身发展动力不足	3.82	481	1135
缺资金	2.63	331	1036
因灾	1.13	142	441
缺土地	0.60	76	248
缺水	0.11	14	56
因婚	0.03	4	10
其他	0.24	30	60
合计	100.00	12589	33167

注：统计时间为 2019 年 2 月 15 日。

二 屯堡乡致贫原因

屯堡乡致贫的原因较为复杂，根据该乡统计资料发现，致贫原因排前列的分别是因病因伤、缺资金、缺技术、自身发展动力不足、缺劳力、因学、因残、交通落后等（见表 5-2、图 5-1）。导致贫困的首要原因是因病因伤，占比达到 33.19%；排第二位的是缺资金，占比 16.98%；排第三位的是缺技术，占比 12.26%；自身发展动力不足占比高达 11.11%；其后是缺劳力，占比 9.23%。总体看，因病因伤、缺智、缺技术、自身发展动力不足、缺劳力、因残致贫等都是由个人原因导致的贫困，合计占比高达 72.26%。Rainwater（1970）从"道德视角"以批评的态度讨论了关于贫困的个人主义理论，认为个人的缺陷意味着懒惰、坏的选择和无能，而这些又导致了其贫困，这种理论认为个人应该对其贫困状况负责。

表5-2　屯堡乡贫困人口主要致贫原因

单位：户，%

致贫原因	户数	致贫原因占比
因病因伤	1392	33.19
自身发展动力不足	466	11.11
缺资金	712	16.98
交通落后	191	4.55
缺技术	514	12.26
缺劳力	387	9.23
因学	373	8.89
因残	267	6.37
缺智	4	0.10
因灾	25	0.60
单亲或户主服刑	1	0.02
孤寡老人	2	0.05
饮水困难	3	0.07
缺土地	33	0.79
危房或无住房	33	0.79

资料来源：屯堡乡贫困人口精准识别最终锁定花名册（2016年9月9日）。

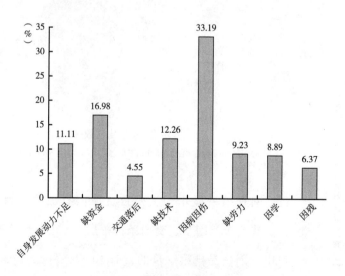

图5-1　屯堡乡主要致贫原因

资料来源：屯堡乡贫困人口精准识别最终锁定花名册（2016年9月9日）。

第二节 杨家山村致贫原因分析

相比屯堡乡的致贫原因，根据杨家山村的统计资料，发现其导致贫困的首要原因是因病，占45.4%；其次是缺资金，占37.6%；排第三位的是缺劳力，占6.3%；其后是缺技术和因学，分别占4.0%和3.8%（见图5-2）。2016年，杨家山村脱贫户数为25户，共计77人，这些贫困户的致贫原因有：因病致贫12户，共计36人；因缺技术致贫4户，共计16人；因缺资金致贫9户，共计25人。

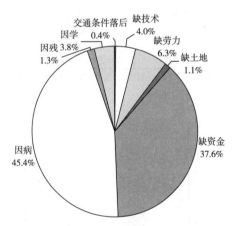

图5-2 杨家山村致贫原因

资料来源：屯堡乡贫困人口精准识别最终锁定花名册（2016年9月9日）。

调查结果显示，主要致贫原因有因病、因残、缺劳力、缺资金、因学、交通条件落后等，在调查的46户贫困户中，因病是排第一位的，有24户，占52.17%；排第二位的是缺劳力，有7户，占15.22%；排第三位的是因残，占 10.87%；缺资金的占 4.35%，因学和交通条件落后的均占 2.17%；"其他" 1 户是孤儿，1 户是因建房致贫，还有 2 户是五保户（见图 5-3）。无论是因病、因残还是缺劳力都属于家庭劳动力数量不足，三者合计占 78.26%。由此可见，家庭劳动力数量不足是导致贫困的重要因素之一。

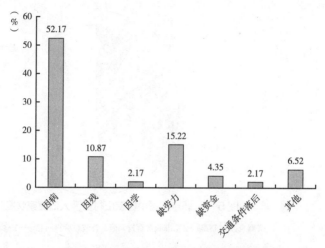

图 5-3　调查问卷中杨家山村主要致贫原因

总体上看，从历史因素、自然条件、经济因素、文化社会环境、个人因素等方面进行分析，杨家山村致贫原因较为复杂，但直接原因归纳起来主要有以下几点。

一　因病致贫

这里伤病残疾因素主要是指村民因突发大病或者身体残疾而没有收入或负担较重陷入贫困的情况。经过课题组在杨家山村实地走访统计，关于贫困户致贫原因的 39 份有效调查问卷显示，因病因残致贫的家庭达到 29 户，占到样本总数的 70% 以上。[①] 从贫困户家庭成员健康状况来看，如图 5-4、图 5-5 所示，贫困户家庭成员患长期慢性病、患大病和残疾的远高于非贫困户。在调查的贫困户中，合计高达 46% 的贫困人口患长期慢性病、大病和残疾。

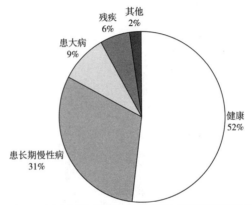

图 5-4　调查问卷中杨家山村贫困人口健康状况分布

资料来源："精准扶贫精准脱贫百村调研"行政村调查问卷——杨家山村。

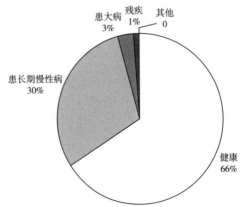

图 5-5　调查问卷中杨家山村非贫困人口健康状况分布

资料来源："精准扶贫精准脱贫百村调研"行政村调查问卷——杨家山村。

---

　　①　资料来源："精准扶贫精准脱贫百村调研"行政村调查问卷——杨家山村。

从所支付的医疗费用来看，有 10.87% 的贫困户治疗总费用在 1 万元以上，其中有 6.5% 的贫困户治疗费用超过 2 万元；13.04% 的贫困户治疗总费用为 5001~10000 元，19.57% 的贫困户治疗费用为 2001~5000 元（见表 5-3）。由此可见，贫困户支付的医疗费用仍是非常大的，一旦有家庭成员患病将直接造成因病致贫。

表 5-3　杨家山村调查户治疗总费用情况

单位：户，%

治疗总费用	总样本		贫困户		非贫困户	
	户数	占比	户数	占比	户数	占比
<2000 元	33	62.26	26	56.52	7	100.00
2001~5000 元	9	16.98	9	19.57		
5001~10000 元	6	11.32	6	13.04		
10001~20000 元	2	3.77	2	4.35		
≥ 20001 元	3	5.66	3	6.52		

资料来源："精准扶贫精准脱贫百村调研"行政村调查问卷——杨家山村。

二　缺乏劳动能力

调查问卷结果显示，家庭缺劳力是排第二位的导致贫困的原因。在调查的贫困人口中，有 15% 的"无劳动能力但有自理能力"和"无自理能力"，有 22.78% 的"部分丧失劳动力"，有 10% 的"学生或不满 16 周岁"，22.78% 的"部分丧失劳动力"，大大高于非贫困人口（见图 5-6、图 5-7）。由此可见，家庭中缺乏劳动力是致贫的直接原因之一。

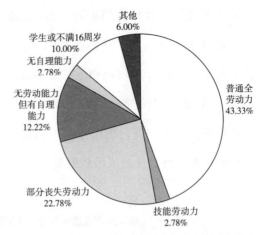

图 5-6　调查问卷中杨家山村贫困人口劳动力分布

资料来源："精准扶贫精准脱贫百村调研"行政村调查问卷——杨家山村。

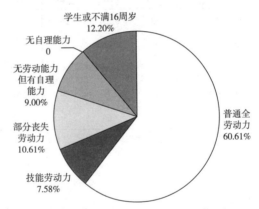

图 5-7　调查问卷中杨家山村非贫困人口劳动力分布

资料来源："精准扶贫精准脱贫百村调研"行政村调查问卷——杨家山村。

三　因学致贫

杨家山村的统计及入户调查均显示，因学是排在前列的主要致贫原因。调查问卷显示，贫困户中有在读学生（上幼儿园或学前班、上中小学和上中等职业学校）的比例高于非贫困户（见表 5-4）。从家庭学费支出来看，不仅有就学直接费用，还包括就学间接费用。如表 5-5、表 5-6 所示，贫困户中就学直接费用在 1000 元以上的占 32%，就学间接费用在 1000 元以上的占 26%；非贫困户中就学直接费用和间接费用在 1000 元以上的比例分别为 19% 和 25%。总体来看，仅就学直接费用来看，还不算太高，但通常间接费用要略高于直接费用，两种费用相加相当于给家庭增加了 1 倍的负担，尤其是对在读学生多的家庭来说将是一笔难以承受的支出。

表 5-4　杨家山村 2017 年上半年就学状况

单位：户，%

项目	贫困户		非贫困户		合计	
	户数	比例	户数	比例	户数	比例
上幼儿园或学前班	1	2.17	1	6.25	2	6.45
上中小学	16	34.78	5	31.25	21	67.74
上中等职业学校	3	6.52		0	3	9.68
未上学	0		1	6.25	1	3.23
失学辍学	0		1	6.25	1	3.23
初中毕业离校	1	2.17			1	3.23
高中、中专毕业离校	1	2.17			1	3.23
其他	1	2.17			1	3.23

资料来源："精准扶贫精准脱贫百村调研"行政村调查问卷——杨家山村。

表 5-5　杨家山村 2016 年就学直接费用情况

单位：户，%

项目	贫困户		非贫困户		样本	
	户数	比例	户数	比例	户数	比例
<1000 元	32	72.73	13	81.25	47	75.81
1000~2000 元	5	11.36	1	6.25	4	6.45
2001~3000 元	6	13.64	0	0	6	9.68
3001~5000 元	2	4.55	1	6.25	3	4.84
≥ 5001 元	1	2.27	1	6.25	2	3.23

资料来源："精准扶贫精准脱贫百村调研"行政村调查问卷——杨家山村。

表 5-6　杨家山村 2016 年就学间接费用情况

单位: 户, %

项目	贫困户		非贫困户		样本	
	户数	比例	户数	比例	户数	比例
<1000 元	34	73.91	12	75.00	46	74.19
1000~2000 元	7	15.22	1	6.25	8	12.90
2001~3000 元	2	4.35	1	6.25	3	4.84
3001~5000 元	1	2.17	1	6.25	2	3.23
≥ 5001 元	2	4.35	1	6.25	3	4.84

资料来源:"精准扶贫精准脱贫百村调研"行政村调查问卷——杨家山村。

四　缺乏发展生产积极性

部分农民思想意识需要进一步提高,抱有"等、靠、要"的错误观念,认为统筹城乡建设脱贫致富只是政府单方面的事情。农民主体意识和地位不明确,缺乏主观积极性。

调查结果显示,贫困人口中有近 70% 的人口留住家中,省外打工的占 14%,16% 的贫困人口选择在省内打工。贫困家庭劳动力有 63% 的贫困人口选择待在家中,这一比例高于非贫困人口;劳动力务工时间为 6~12 个月的贫困人口占比为 32%,这一比例低于非贫困人口;务工时间为 6 个月以下的贫困人口所占比例不到 5%(见表 5-7)。由此可见,非贫困户的劳动力优势远强于贫困户,也反映了相当一部分贫困人口存在"等、靠、要"思想,缺乏发展生产的积极性。

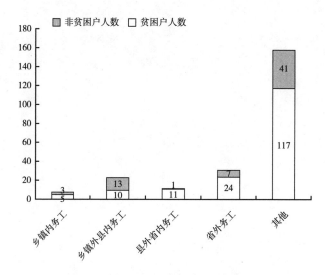

图 5-8 杨家山村调查户务工区域情况

资料来源:"精准扶贫精准脱贫百村调研"行政村调查问卷——杨家山村。

表 5-7 杨家山村调查户务工时间情况

单位:%

务工时间	贫困户		非贫困户	
	人数	占比	人数	占比
3 个月以下	3	1.80	2	3.08
3~6 个月	5	2.99	0	0.00
6~12 个月	53	31.74	26	40.00
无	106	63.47	37	56.92

资料来源:"精准扶贫精准脱贫百村调研"行政村调查问卷——杨家山村。

第六章

杨家山村精准扶贫的方式和路径

第一节　恩施州精准扶贫基本情况

近年来，恩施坚决贯彻落实国家、省、州精准扶贫政策，将精准扶贫作为重大政治问题、重大发展问题、重大民生问题，按照"实事求是、因地制宜、分类指导、梯次推进"原则，采用"挂图作战"，利用自然生态、民族文化、旅游资源，打好生态牌、文化牌、旅游牌，2015 年 3.96 万人脱贫，2016 年 4.09 万人脱贫。坚持把脱贫攻坚作为第一民生，真正在扶贫工作中为百姓做好事、办实事，切实让贫困群众感受到党和政府的温暖。为实现 2019 年前整体消除绝对贫困、全面建成小康社会总目标，恩施州 8 个国定贫困县市分步实施。

2016 年，恩施州加大扶贫资金投入，全年共整合各类扶贫资金 116 亿元。扎实推进"五个一批"，完成易地扶贫搬迁 2.07 万户 6.87 万人；729 个贫困村基本实现了合作社或龙头企业帮扶的全覆盖；生态补偿脱贫 10.14 万户 32.54 万人，兑现各类生态补助资金 1.5 亿元，7398 名贫困人员被聘为护林员；教育扶贫政策惠及 13.79 万贫困户、19.3 万贫困学生，发放资助资金 7618.27 万元，建立起从学前教育至高等教育全覆盖的资助体系。社会保障政策兜底城市低保 11262 户 16652 人，农村低保 117078 户 200655 人，五保供养 17644 户 17644 人，基本实现应保尽保、应兜尽兜。

恩施州所辖 2 市 6 县即恩施市、利川市、建始县、巴东县、宣恩县、咸丰县、来凤县、鹤峰县均属国家重点贫困县，全州 88 个乡镇办事处，2453 个行政村，其中有 39 个重点老区乡镇，1888 个贫困村。相对恶劣的自然环境和薄弱的经济发展基础，加之存在扶贫开发贫困人口长期以来底数不清、情况不明、针对性不强、扶贫资金和项目指向不准等各种问题，使得恩施州的扶贫脱贫工作面临极大困难。对此，恩施州政府和党委各部也都做了很多尝试和努力，2016 年，恩施州贯彻习近平总书记扶贫开发战略思想，全面落实中央扶贫开发工作会议、东西部扶贫协作座谈会等重要会议精神，紧紧围绕中央、省精准扶贫精准脱贫决策部署，创新健全"五大机制"，按照"六个精准""五个一批"的要求，坚持将脱贫攻坚作为首要政治任务、第一民生和头等大事来抓，凝心聚力，深入推进，成效显著。①

---

① 资料来源于恩施自治州 2016 年度脱贫攻坚工作总结。

一 筑牢决战保障，创新健全"五大机制"

健全领导机制。成立脱贫攻坚指挥部，党政主要领导分别任指挥长和第一副指挥长，州政府分管领导任副指挥长。由州长直接分管脱贫攻坚工作，联系州扶贫办。

健全工作机制。恩施州领导分别牵头组建"五个一批"工作组，农业、发改、林业、教育、民政、卫计等部门主导落实，专人推进工作。在基础设施、公共服务上强化行业部门扶贫责任，纳入年度综合目标考核。加强驻村帮扶，全州889支驻村工作队、1500多家驻村单位（含企事业单位）、12064名驻村队员、5.4万余名干部结对帮扶贫困村、贫困户。

健全整合机制。全州落实上级精准扶贫财政专项资金（"五个一批"）84.8亿元；州本级预算安排扶贫资金3.99亿元；全州共统筹整合财政资金121.1亿元；出台《恩施州易地扶贫搬迁资金管理办法》《恩施州财政专项扶贫资金精准扶贫项目备案管理办法》，保障资金使用精准；加强审计监督，扶贫领域侵害群众利益不正之风和腐败问题专项治理工作得到了省纪委和省扶贫办的肯定。

健全落实机制。制定"落实脱贫攻坚重要政策措施责任清单"和"精准扶贫年度任务清单"，限时、定标、点名落实扶贫责任。出台州直、县市、乡镇精准扶贫目标责任考评办法，考核权重分别提高到33%、70%、70%。

健全监督机制。出台《精准扶贫精准脱贫督查巡查办法》《精准扶贫工作问责暂行办法》，对扶贫责任落实情况、政策落地情况等进行精准监督，一月一督办、双月一报告。

二　抓好靶向治疗，全面推进"五个一批"

发展生产脱贫一批。根据实际，恩施精准扶贫围绕烟叶、茶叶、畜牧、蔬菜、药材、林果等六大农业主导产业，形成"旅游＋"扶贫模式，全州729个贫困村按照一村一业、一村一品，明确了主导产业。其中，648个村建立了1031个产业合作社，309个村建立了397个金融互助合作社，579个村对接了540家龙头企业。

易地搬迁脱贫一批。全州已启动搬迁2.97万户9.64万人，分别占省2.07万户6.9万人指标计划的143.5%和139.7%，已交钥匙和已入住的共27747户89277人。

生态补偿脱贫一批。贫困人员转移成护林员7398名，人均工资4000元；兑现生态公益林补偿资金3122.2万元，涉及1514个村9.8万户30万人，户均补偿约320元；退耕还林25.88万亩，涉及833个村3.17万户10.15万人，户均补助4145元。

发展教育脱贫一批。"全面改薄"累计投资118684万元，启动661所中小学校舍建设项目1151个，"学前教育三年行动计划"已累计投入2014年、2015年、2016年三个年度资金共计14675万元，利用中央学前教育专项资金启动园舍建设项目88个；300名贫困学生录取成为农村小学全科教师及幼儿园教师定向委培生，统招统考农村义务教育学校教师 1047 名；申报"泛海助学行动"贫困家庭大学新生专项资助 2216 人，共计 1108 万元。

社会保障兜底一批。就业、住房保障、精准扶贫等惠民政策进一步落实。2016 年对全州 11.35 万户贫困户中 19.29 万名农村低保、1.76 万名农村五保对象实现应保尽保，制定《最低生活保障实施办法》《医疗救助实施办法》《临时救助实施办法》，提高保障标准，完善保障体系。2017 年，全州城镇新增就业 3.89 万人；新建保障性住房 10938 套，改造农村危房 10928 户；完成易地扶贫搬迁 2.07 万户 6.87 万人，729 个贫困村基本实现了合作社或龙头企业帮扶全覆盖，生态补偿脱贫 10.14 万户 32.54 万人，教育扶贫政策惠及 13.79 万贫困户 19.3 万贫困学生，社会保障政策兜底基本实现应保尽保、应兜尽兜。

三 强化精准发力，着力实施"六大工程"

着力实施整村推进片区攻坚。全州 2016 年启动实施 674 个贫困村整村推进工作，实施项目 7956 个，投入资金 97.5 亿元，累计覆盖和带动贫困家庭 21.9 万户 70.9 万人。新修及改造村组公路 7647 公里；新建水池（水窖）2011 口、新修水渠 27.8 万米；发展特色种植业 132 万亩；新建和维修村委会 275 个、村卫生室 260 个。

着力实施金融扶贫。用活金融服务网格资源，精确对接基础设施建设、贫困户、产业生产和发展、搬迁安置等领域的金融服务需求，采取"一项一策、一项一法、一项一品"精细化的管理措施，使金融服务精准到贫困人口、贫困户、扶贫项目。全州建立金融扶贫风险补偿金 2.25 亿元，撬动扶贫小额贷款 14.63 亿元，其中给 16795 户建档立卡贫困户发放贷款 7.85 亿元，给 1720 家新型市场经营主体发放贷款 6.78 亿元，带动贫困户 3.02 万户。在建档立卡贫困村建立金融精准扶贫工作站 571 个。

着力实施旅游扶贫。2016 年恩施州被纳入国家第一批全域旅游创建示范区。旅游综合指数居全省"四强"，连续 3 年旅游综合收入超过 200 亿元，年均带动 10 万贫困群众脱贫致富。全面完成全州 102 个旅游扶贫试点村的旅游发展规划编制工作。创新旅游扶贫模式，恩施市、利川市、建始县 3 个县市新发展民宿旅游 2750 多户，建档立卡贫困户 600 余户。

着力实施电商扶贫。2016 年，恩施州来凤县、鹤峰县、咸丰县相继被纳入全国电子商务进农村综合示范县之列，恩施市纳入全省电子商务进农村综合示范县之一。全州 729 个贫困村已建立电子商务乡村综合服务站 511 个，辐射带动贫困群众 14980 人从事电商产业，人均年增收 2000 元以上。

着力实施光伏扶贫。2016 年，全州 74 个贫困村实施光伏项目 69 个，建设总规模容量 10225 千瓦。国网公司在巴东已建成 3 个 7000 千瓦的集中式光伏电站，发电 92 万度，贫困户人均年收入可增加近 3000 元，惠及 12 个村 5865 人。

着力实施社会扶贫。印发《关于深入动员社会各方面力量参与精准扶贫的实施意见》，完善社会扶贫"1+ N"政策支撑体系。积极主动对接定点扶贫的中直单位、省"616"

对口帮扶单位和省内部分市对口支援力量，积极开展大走访、大调研、大督办"10·17"扶贫日活动，解决贫困村实际问题 200 多个，收集整理建议 100 多条。2017 年，在省扶贫办的大力支持下，全州纳入东西部扶贫协助范畴，争取到杭州市对口帮扶恩施州，各项前期对接工作正在稳步推进中。

第二节　屯堡乡精准扶贫的方式和路径

一　屯堡乡精准扶贫的做法及成效

屯堡乡脱贫户脱贫路径分布如表 6-1、图 6-1 所示。

表6-1　屯堡乡脱贫户脱贫路径分布

单位：户，%

脱贫路径	脱贫户数	脱贫路径占比
发展教育（"雨露计划"）	73	5.90
发展生产	650	52.55
家庭种植养殖	369	29.83
务工增收	453	36.62
就业技能培训	76	6.14
大病救助	27	2.18
易地搬迁	23	1.86
生态补偿	15	1.21
学生毕业	1	0.08
子女赡养	2	0.16
房屋出租收入	1	0.08
基础设施建设	3	0.24
社会兜底	1	0.08

资料来源：屯堡乡贫困人口精准识别最终锁定花名册（2016 年 9 月 9 日）。

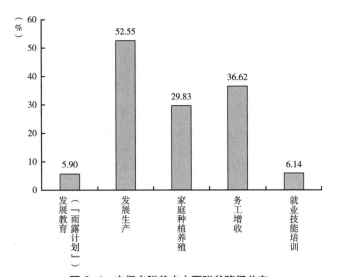

图 6-1　屯堡乡脱贫户主要脱贫路径分布

资料来源：屯堡乡贫困人口精准识别最终锁定花名册（2016 年 9 月 9 日）。

2016 年以来，在恩施市委、市政府的直接领导下，屯堡乡全乡上下以党的十八大和十八届四中、五中、六中全会以及各级党建经济工作会议精神为指导，以"精准扶贫、精准脱贫"统领农村农业工作全局，以巩固"十二五"发展成果为抓手，强力推进产业发展、重点项目建设、精准扶贫等各项重点工作，为"十三五"规划奠定了坚实的基础。2016 年末，实现农村经济总收入 7.9 亿元，农村常住居民人均可支配收入达 8821 元，全乡经济社会健康有序发展，扶贫工作取得了很大的成效。

2016 年，屯堡乡全乡完成脱贫 903 户共计 2907 人，实施易地扶贫搬迁 200 户 636 人，集中安置 58 户 200 人，分散安置 142 户 436 人。通过落实发展生产、退耕还林、生态公益林、"雨露计划"、社会保障等各项惠农政策，累计兑现精准扶贫帮扶资金 640 余万元。大树垭、新街、罗针田 3 个整村推进村均达到贫困村脱贫标准，集体经济收入突破 5 万元，实现了整村脱贫出列目标。[①]

在发展生产方面，具体到农村农业经济发展方面，2016 年，屯堡乡油茶基地面积达到 3 万亩，茶园面积突破 5.5 万亩，绿色食品茶园突破 2.5 万亩，全年茶叶产量达 3137 吨，产值达 2.37 亿元。发展雷竹 800 亩。完成烟叶种植 2500 亩，收购烟叶 5500 担，93 户烟农获益超过 750 万元。畜牧产业链健康发展，全年综合产值达 1.16 亿元。顺利推进第三次全国农业普查工作。完成固定资产投资 5000 万元，引进外商投资规模 500 万元的企业有 3 家，新增农民专业合作社 37 家，全乡累计达 83 家，实现工业产值 3.5 亿元。同时，乡村农旅一体化的旅游发展模式也得到了提质增速，打造马者"万花云海"生态观光旅游示范点，推动建设花枝山村生态乡村休闲旅游示范点、大树垭村横栏山生态动物园等。开展了"徒步望州城、醉美大树垭"的徒步采风活动，也形成了"花园屯堡"的微信推介平台，实现旅游综合收入 6000 余万元。图 6-2 为屯堡乡扶贫产业作战图。

图 6-2　屯堡乡扶贫产业作战图示意

① 资料来源于屯堡乡 2016 年度工作总结及 2017 年工作计划。

在基础设施建设方面，2016年完成通畅工程31.4公里、全乡105公里农村公路日常养护，推动精准扶贫渠道完善畅通。完成2015年农村饮水安全工程入户扫尾工作，启动2016年农村饮水安全工程设计工作，完成鸭松溪水厂设计，对于解决村民饮水问题，尤其是贫困人口饮水问题有重要作用（见图6-3）。2016年还完成了"村村响""户户通"建设目标，实现全乡14个村通光缆，通信和广电网络覆盖率达80%，网络光纤大骨架基本形成（见图6-4）。

图6-3　恩施市农村饮水安全工程

图6-4　屯堡乡网络光纤大骨架基本形成

精准扶贫工作在集镇建设方面也有很重要的体现。2016年，屯堡乡共计投资340余万元，完成了罗针田集镇人行道改造、绿化、亮化工程，以及屯堡文化休闲广场、小屯堡群众文化广场、弱电入地工程管网建设等项目。进一步规范农民的建房行为，严格审批建房行为，对4户违法建房行为下达了《限期拆除通知书》，依法进行了强制拆除1户。完成市住建局下达第一批100户危房改造，重点解决了五保户和一类低保户住房困难。

在社会保障工作方面，2016年屯堡乡全面完成社会保险费核征总额670.34万元核征总目标任务。累计发放各类惠农补贴346.49万元。清退低保对象15户25人，新增农村低保对象285户771人，累计发放五保、低保救助、救灾救济、大病救助等316.12万元，完成新修屯堡福利院建设并投入使用。新建黄草坡、双龙、新街、杨家山、大树垭、鸦丘坪等6个村级卫生室，启动坎家村卫生室建设，努力保障贫困人口享受较好的医疗卫生条件。

在教育保障事业方面，屯堡乡不断改善教育教学条件，搬迁并改建了屯堡中心幼儿园，建成罗针田小学附属幼儿园、马者村幼儿园，有效解决了全乡幼儿入园难问题。全乡小学阶段入学率和巩固率均达到100%，初中阶段入学率达100%，初中三年巩固率达97.12%。特别针对贫困户和五保户等贫困人口实施了"雨露计划"，制定落实了一系列奖助学政策，进一步保障贫困人口的受教育权利，逐步减少进而避免因贫困导致的辍学失学现象。

2017年上半年，屯堡乡以精准扶贫为工作重点，全乡的精准识别工作已落实到位，实现了"一户一档"，有专人对口帮扶。以发展生产脱贫一批为工作目标，拓宽贫困户的增收渠道，落实产业脱贫一批，以专业合作社的形式带动一批，鸦丘坪村和另外两个村已实现整村脱贫，余下8个村将陆续在未来几年摘掉贫困帽子。同时，易地扶贫搬迁工作有条不紊。此项工作于 2016 年启动，全乡 655 户 1945 人纳入易地扶贫搬迁对象并进行了公示，已完成了易地扶贫搬迁 200 户 636 人住进新居，预计 2017 年底再完成易地扶贫搬迁 455 户 1309 人住进新居。[①]

二 屯堡乡精准扶贫的典型经验

屯堡乡的精准扶贫实践取得了极大的成效，主要是按照"六个精准"与"五个一批"的精准扶贫要求，科学制订各村脱贫计划，扎实开展工作，探索创新了乡"六字工作法"，以及新街村"脱贫盛宴"模式、罗针田村"12345"精准扶贫模式、大树桠村"六子"工作法、花枝山村专业合作社"唱响四部曲，走好帮扶路"、马者村"发展必须要抓产业"等精准扶贫工作典型经验，对全乡精准扶贫工作起到了示范推动作用，极大地调动了群众的积极性，增强了贫困户的自我发展意识。

（一）新街村"脱贫盛宴"模式

恩施市屯堡乡新街村距离恩施市 30 多公里，山高谷

① 资料来源：屯堡乡 2017 年经济形势分析。

深，绝大多数村民分散而居，依靠传统种植业维持生计。通过市国土局、市粮食局、市招商局和市铁路办等精准扶贫对口帮扶单位以及屯堡乡党委、政府对该村的实际情况进行摸排会诊，决定以基础设施建设为突破口，大力打造特色产业，为新街村量身定制了"两个火锅""八个主菜""四个荤菜""四个咸菜"的脱贫盛宴，带动老百姓脱贫致富。

"两个火锅"即完成易地扶贫搬迁 15 户和全村 121 户贫困户以奖代补全部脱贫这两项硬任务；"八个主菜"即2016 年计划实施的由市国土局、市粮食局、市招商局和市铁路办帮扶发展的茶叶油茶产业、村组公路建设、安全饮水、土地整治、太阳能光伏发电、特色民居改造、专业合作社和建设村级卫生室 8 个精准扶贫工程；"四个荤菜"即科技培训、网络信息建设、综治保险和老年活动室建设；"四个咸菜"即长期关注因病、因学、因残和因灾这四类贫困户，坚持持续帮扶。

"各做一个菜，共办一桌扶贫盛宴"，通过这桌盛宴，可整合资金 1700 多万元。目前，该村已发展茶叶 2000 亩和油茶 1780 亩，新发展油茶 480 亩，安全饮水项目可解决 560 户安全饮水问题，预计 2016 年 6 月底完工，网络信息建设正在实施，购买平安保险 285 户 874 人等。

（二）罗针田村"12345"精准扶贫模式

罗针田村在市"458"扶贫工作法的基础上，结合该村实际，积极探索，创新村级"12345"精准扶贫模式，立足打赢扶贫攻坚战。"1"即每户贫困户有一名帮扶干部或一家专业合作社予以帮扶，做到不落一户；"2"即每名帮扶干部联系2户以上贫困户；"3"即实现村脱贫、户销号、农户有稳定收入三个目标；"4"即长期关注因病、因学、因灾、缺动力致贫的四类人群，做到因户施策；"5"即坚持"五个一批"帮扶措施，积极引导村民脱贫致富。通过基础设施建设，发展茶叶、饲养土鸡生猪等产业，基本改善该村生产生活条件，2015年全村顺利完成117户408人的脱贫任务，2016年计划脱贫242户767人，力争在2019年底实现整村脱贫。一是产业帮扶脱贫一批。截至目前，全村402户建档立卡贫困户中，有262户种植茶叶，123户种植油茶，茶叶面积达718亩，改造老茶园1000亩，支持肥料9.9吨。对润禾、英杰、团堡岭、圣浠源等4家农民专业合作社给予政策支持，为村内2家专业合作社争取资金20万元，依托铜盆水森林公园、车坝河水库、朝东岩景区优势，在国道沿线发展小水果200亩，极大地增加了当地居民的收入。二是易地扶贫搬迁帮扶一批。全村2016~2018年计划实施扶贫搬迁72户218人，2016年计划完成46户136人，着力解决水、电、路等基础设施建设问题，改善贫困户居住环境。三是生态补偿帮扶一批。在村建档立卡贫困户中均享受退耕还林补偿和公益林补偿，鼓励坡度在25度以上的坡耕地全部实现退耕还林，兑现补助资金。同时，大力发展林业经济与农业综合开发项目，鼓励贫困户在林下发展土鸡、在林上养蜂等，打造200亩林业示范园，并从贫困户中选聘5人就地转化为森林管护员，每人每年享受 3000 元补贴。四是发展教育帮扶一批。为在职中、职高读书的贫困生申报"雨露计划"，确保家庭经济困难学生安心学业，通过读书"走出去"。2015 年申报 8 人，2016 年初申报 4 人，57 人享受贫困生补助。五是社会保障帮扶一批。该村现有低保、五保户 59 户 123 人，将通过低保、五保调标实现脱贫目标，并积极为贫困户治病争取医疗救助与民政临时救助。

（三）大树垭村"六子"工作法

强班子。扶贫攻坚的前沿阵地在村，村级班子的战斗力直接影响着精准扶贫决策的执行力。州委统战部工作组进村后分别与村班子成员座谈，深入群众听取意见，在全面了解情况的基础上，与乡党委进行沟通，把帮扶村班子建设放到更加突出的位置。一是抓学习、促思想转变，工作组帮助制订学习计划，带头宣讲精准扶贫形势任务，指导召开班子民主生活会，班子责任意识和机遇意识进一步增强。二是抓制度、促作风转变，工作组指导建立健全村干部目标责任考核、精准扶贫项目资金管理等制度，干部"散软"现象得到有效改变，形成了公平、公心、公正为民办事的良好风气。三是抓队伍、促结构优化，州委统战部委派一名年富力强的机关干部担任扶贫村第一书记，脱产驻村开展工作，争取一名大学生村官到村任职，物色培养一名年轻的后备干部，班子结构更优化，战斗力增强。通过一年多的建设，村班子的战斗堡垒作用显著增强，在2015 年底屯堡乡组织的村级领导班子考核中，大树垭村由多年的后进跃进入先进行列。

找路子。思路决定出路，针对大树垭村基础条件差、产业基础薄弱、贫困面广的实际，州委统战部组织 10 多个部门现场考察，召开 3 次座谈会广泛听取部门、专家和群众的意见建议，制定《大树垭村精准扶贫帮扶规划》，为帮扶村脱贫致富找路子。为筑牢脱贫致富底盘，从解决群众出行难、饮水难、用电难、住房难、就医难等突出问题入手，规划基础设施建设项目 13 个。为发展脱贫致富支撑产业，根据不同海拔立体式分区域集中连片规划，长短结合，开展"三种三养"，即低海拔区域种绿茶，二高山地区种油茶，高海拔地区种蔬菜，养生态猪、生态羊、生态鸡。为鼓励支持贫困户自觉通过发展产业实现增收，州委统战部牵头制定了《大树垭村"竞进脱贫、竞进小康"发展特色产业奖励办法》(以下简称《办法》)。《办法》从茶叶、油茶、畜牧、特种养殖、旅游及服务 5 个大类共 9 个子项规定了具体的奖扶要求和标准，贫困户根据自身条件申报发展项目，经扶贫工作组和村干部共同入户核实后组织实施，经验收合格后发放奖励资金或物资，极大地调动了群众的积极性，增强了贫困户的自我发展意识，帮扶工作变被动为主动。全村已兑现产业发展奖扶资金 90 多万元，仅在扶持畜牧业发展上州委统战部就自筹资金兑现 9 万元，使 125 户贫困户通过发展畜牧业增收 264 万元。为解决村级集体经济无来源的问题，州委统战部组织召开民营企业家恳谈会，企业家捐资修建 30 千伏村光伏发电站，每年可为村集体带来近 5 万元的稳定收入。

结对子。为提高帮扶的针对性和实效性，州委统战部认真组织机关干部开展一对一结对帮扶活动，在精准识别的基础上，对单位结对帮扶的 101 户贫困户逐户分析致贫原因，问诊把脉，对照"五个一批"的要求制订详实的帮扶计划和帮扶措施，为贫困户找准脱贫致富的路子。帮扶干部入户帮扶均在 3 次以上，单位和干部个人在助学、助医、建房、扶持生产、特困慰问等方面帮扶结对贫困户资金物资折现共计约 16 万元。为壮大帮扶力量，州委统战部还充分利用自身优势，牵头动员、组织社会力量参与大树垭村的精准扶贫，对接 3 家民营企业到村扶持主导产业发展，指导成立专业合作社 4 家，引荐 24 位企业负责人或高管开展结对帮扶，组织州级 4 位民主党派机关干部到村结穷亲，以众人之力助推贫困户的脱贫致富。

喊号子。扶贫先扶志，为提振干部群众发展信心，自治州州委统战部牵头组织 40 多名代表外出考察学习，亲身感受自身发展的差距、奋斗的差距，从思想上予以启发和触动。先后组织召开 3 次党员会、代表大会和 12 次群众会，宣传精准扶贫惠民政策和发展特色产业奖励办法，帮助分析厚积薄发的优势，教育引导群众克服"等靠要"思想，增强自力更生的发展意识。同时，加大科技培训力度，组织茶叶、油茶、蔬菜、畜牧养殖、活框养蜂技术培训会及现场会 8 次，参训人员 338 人次，发放技术手册400 多份，聘请专业技术人员和专家授课，邀请种养能手现场传授经验，帮助群众提高科学种植、养殖技能，引导群众科技致富。

筹票子。为使精准扶贫规划项目落地生根，州委统战部领导主动到州、市 11 个部门争取支持，组织召开 3 次项目对接会议，落实扶贫项目 17 个，投资额超过 2000 万元。在争取部门支持的同时，州委统战部牵头在扶贫村建立统一战线"同心圆"惠民生基地，组织动员 13 家民营企业捐款 54 万元，建设村文化活动广场和光伏发电站，开展助医、助学等帮扶活动。为加快推进村级道路建设，州委统战部主动承担解决 200 万元资金缺口，到部门化缘 100 万元，单位自筹 50 万元，组织 3 家州直驻村帮扶单位筹资 50 万元。

摘帽子。两年内实现大树垭村的整村脱贫，是目标也是任务，在各级政府各部门的关心支持下，大树垭村精准扶贫工作取得了阶段性成效，为 2016 年脱贫摘帽奠定了坚实的基础。一是基础设施条件得到改善。改扩建道路 20 公里，硬化道路 5 公里，实施安保工程 11 公里，村级道路主动脉全面升级，微循环逐步贯通；建设标准化水厂 1 个、100 立方米蓄水池 1 口、小水窖 50 口，铺设主供水管网 6 公里，主要缺水区域安全饮水得到有效保障；增容 6 台主变压器，群众用电得到有效保障；46 户群众住房难问题得到解决，24 户特色民居改造完工，住房条件和生活环境得到较大改善；实施村级公共服务建设项目 4 个，村级医疗、文化等公共服务设施得到完善。二是主导产业得到发展。茶叶、油茶两大主导产业初具规模，建立茶叶基地 4000 亩，油茶基地 5300 亩，1000 亩茶叶、3000 亩油茶示范基地建设项目推进顺利，"两茶"基地覆盖建档立卡贫困户的 81%。为解决高山地区无产业的问题，在谭三坝新建高山蔬菜基地 140 亩，培育畜牧养殖大户 38 户。三是精准帮扶初见成效。综合施策贫困户生产生活条件得到改善，2015 年脱贫 121 户 412 人。

（四）花枝山村专业合作社"唱响四部曲，走好帮扶路"

花枝山村"唱响四部曲，走好扶贫路"。2009 年花枝山村成立有机茶专业合作社，有社员 500 人，茶叶基地面积 2000 亩，茶叶加工综合楼面积达 4000 平方米，具备年产高、中、低档绿（红）茶 300 吨的能力。以生态、有机、旅游为主牌，与花枝山公司一道打造了"花枝山"牌花枝茶、恩施玉露、恩施硒茶三大系列 30 多个品种，产品获得中国绿色食品认证、有机食品认证、QS 认证，先后获得国家及省级名优茶评比 15 个金奖、3 个畅销奖和 2 个"中国名优硒产品"奖。合作社先后被授予"省级示范社""国家级示范社"称号。近年来，合作社在不断发展壮大的同时，始终把社员的利益放在首位，精心扶贫帮困，并探索唱响四个帮扶曲。

唱响产业帮扶曲。花枝山村地处清江河畔，生态资源丰富，但村民生产生活条件相对落后，花枝山有机茶专业合作社自 2009 年落户花枝山村以来，已吸纳当地社员 500 多人，改变了过去以种植水稻、玉米等传统作物为主的生产经营方式，充分调动了社员种茶积极性，茶园面积达 2000 多亩，种茶农户占比达 95%，基本实现全覆盖。产量由原来的约 50 公斤 / 亩提升到 200~250 公斤 / 亩，鲜叶平均每亩收入达 5000 元以上，最高每亩收入达 10000 元左右，通过连续 7 年的茶叶产业扶贫，累计为社员增加收入 2300 万元，极大地提升了大多数社员的生活质量和品位。

唱响科技扶贫曲。先后聘请华中农业大学、恩施职院等科研院所的茶叶专家、教授为合作社进行专业技术指导和培训，向社员印发了《有机茶园栽培管理》科技手册，为合作社配备专业技术人员，组建技术专班，不定期举行技术培训与进行实地指导，大力提高社员的科学种植水平。同时，在统一技术的基础上，合作社对生产资料投入品实行统一组织、统一采购、统一发放，统一有机肥料、生物农药的施用时间和技术标准，最大限度地减少投入成本，最大限度地提高效益。另外，培育茶叶种植大户，用先进典型带动周边群众致富。

唱响真情帮扶曲。近年来，对合作社贫困社员 160 户进行了帮扶，帮扶资金共计 70 余万元，持续对 4 户贫困社员给予了技术、肥料方面的扶持，共计帮扶资金 3 万余元，帮扶特困母亲 35 人。同时，还带动成立恩施市龙凤花枝茶专业合作社，开辟了龙马花枝茶基地 2000 亩，吸纳了 500 多名社员，并在堡扎建立了 200 亩核心示范基地，核心基地按每年每亩 450 元标准，持续 5 年无偿扶持社员。

唱响村社共建曲。与花枝山村委会实行村社共建，积极争取上级部门支持，修通了 6 米宽、16 公里长花枝山环山公路，目前正在进行道路硬化工程，极大地改善了村民的出行和运输条件。加快新农村建设，全村287户中有240户新建了具有民族特色的砖混结构小楼房。随着花枝山茶园基地的全覆盖，花枝山村已被纳入国家级旅游扶贫示范村建设项目，乡村旅游发展前景可观。

（五）马者村"发展必须要抓产业"

马者村位于恩施市西部，距离恩施市30公里。境内山峦起伏，海拔差异大，属于典型的亚热带季风气候，夏无酷暑，冬无严寒，成土母质以紫色页岩为主，pH值在5.0~6.0，富含硒元素，平均含硒量为3.5ppm，适宜茶叶、烟叶等多种经济作物的生产，宜茶面积10000余亩。针对当地自然环境和经济发展条件，马者村建有茶园基地5900亩，村集体茶园1500亩。当地生产的马者沙龙茶享誉海内外，全村集体经济收入中茶叶收入占绝大部分，茶叶的生产与销售已成为当地发展经济脱贫致富的主力。

虽然马者村有良好的自然条件生产茶叶，但经济基础薄弱，企业资金周转不灵，成为当地产业发展、脱贫致富面临极大阻力。对此，恩施市精准扶贫各个部门制定相应的贴息贷款政策，为当地符合精准扶贫贷款要求的企业及合作社提供一定的资金支持，并且不需要任何抵押担保，保证其健康良好发展，同时要求获得贷款的企业对口帮扶周边一定数量的贫困户，鼓励扶持他们进行茶叶生产或者家禽养殖，一起脱贫致富，从而将当地的特色产业发展与脱贫帮扶连接起来，形成良好的发展带动脱贫模式。

除了当地的特色产业，马者村还积极招商引资创办花海，动员所有农户的土地进行流转承包，村干部家家户户做工作，利用群众发动群众，鼓励没有工作的村民去花海打工，每亩土地的租金为 300~400 元，在花海工作的月工资为 1500 元，相较之前种植水稻、玉米获得的收入有很大提高，两年内，马者村沙龙片区的 45 户贫困户全部脱贫。茶园基地和花海的旅游产业也在逐步发展，马者村找准支柱产业和旅游服务之间的结合点，依托自身优势，不断做大做强茶叶产业，促进农民增收致富。

第三节　杨家山村精准扶贫的方式和路径

一　基本情况

杨家山村围绕"五个一批"，不断加大精准扶贫脱贫的力度，尤其把发展绿色产业作为可持续脱贫的最重要路径。据统计，全村有 482 户贫困户实施了发展生产的帮扶措施，1569 个贫困人口受益；57 户贫困户 147 人通过易地搬迁实现脱贫；35 户贫困户获得生态补偿，受益贫困人口 101 人；有 198 户贫困户 826 人享受了教育扶贫补贴；有 84 户 166 人享受到低保补贴等政策兜底帮扶措施（见表 6-2、图 6-5、图 6-6）。

表 6-2 杨家山村"五个一批"锁定到户对象情况

单位：户，人

项目	户数	人数
发展生产	482	1569
易地搬迁	57	147
生态补偿	35	101
发展教育	198	826
社会保障	84	166

资料来源：屯堡乡贫困人口精准识别最终锁定花名册（2016 年 9 月 9 日）。

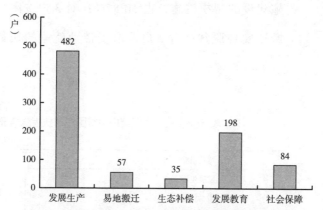

图 6-5　杨家山村"五个一批"锁定到户对象户数情况

资料来源：屯堡乡贫困人口精准识别最终锁定花名册（2016 年 9 月 9 日）。

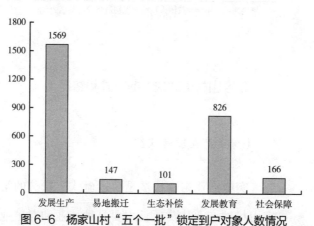

图 6-6　杨家山村"五个一批"锁定到户对象人数情况

资料来源：屯堡乡贫困人口精准识别最终锁定花名册（2016 年 9 月 9 日）。

调查问卷结果显示，对调查的 46 户贫困户采取的帮扶措施中，占比最高的是公共服务和社会事业扶贫措施，共计 24 户，占比 52.17%，主要采取教育补助、灾害补助、低保补助、五保补助等政策兜底帮扶措施；发展生产帮扶措施排第二位，对 12 户贫困户实施了发展生产的帮扶措施，占 26.09%；对 5 户贫困户实施了基础设施建设的帮扶措施，占 10.87%；对 3 户贫困户通过易地搬迁实现脱贫；对 2 户采取了带动就业的扶贫措施（见表 6-3）。

表 6-3 屯堡乡调查户中贫困户帮扶措施情况

单位：户，%

帮扶措施	户数	比例
发展生产	12	26.09
带动就业	2	4.35
易地搬迁	3	6.52
基础设施建设	5	10.87
公共服务和社会事业	24	52.17

资料来源：屯堡乡贫困人口精准识别最终锁定花名册。

二 杨家山村精准扶贫的方式和路径

（一）产业发展扶贫

实施产业精准扶贫是"造血式"扶贫的第一抓手。杨家山村的产业扶贫项目主要是种植业和养殖业。种植业以茶园为主，养殖业以养猪为主。具体来说，包括绿茶产业、油茶产业、养殖产业、林业产业、药材产业。在发展产业的同时加快基础设施建设。

杨家山村的产业发展有三种方式：第一种，财政投入，促成项目合作；第二种，民间投资，成立农业合作社；第三种，挖掘资源，打造旅游产业。产业扶贫成为资源优势显著区域的首选扶贫策略。产业发展扶贫能从根本上解决区域经济社会发展问题，有效促进区域经济发展，实现区域经济可持续发展，深受贫困农民的欢迎。

2012年通过财政资金，扶持杨家山村建立茶叶基地3个、油茶基地2个，配套新修基地公路2公里、维修基地公路17.5公里，修建水渠9000米、水池10口。根据杨家山村制订的产业脱贫规划，产业发展目标为：①种植业：4812亩绿茶、3200亩油茶、1030亩银杏。绿茶可带动约1440万人获得人均3000余元的收入。预计2018年2000亩油茶达到丰产期，按照12元/公斤市价计算，可增加收入600万元，人均可增加收入1200元左右。银杏预计2019年可实现创收，按照1800元/亩计算，可增加收入180万元。②养殖业：预计2017年能繁母猪达到2000头，出栏仔猪20000头，创经济效益10000万元；育肥猪达到10000头，创经济效益2000万元。

在发展产业过程中，通过党员干部结对帮扶、专业合作社带动帮扶、富户大户引导帮扶、企业个人参与帮扶、外出创业人士认领帮扶等方式，帮助贫困户和贫困人口通过产业脱贫。

杨家山村目前有1家企业，十几个专业合作社，参与精准扶贫的有1家企业、1个专业合作社。这家企业是茶厂，为农户免费提供茶苗，为 10 户贫困户提供肥料 1200 多斤。这个专业合作社是金杏药材药业合作社，2016 年国家第三次退耕还林时，合作社为村里垫资提供 1030 亩银杏种苗。还有另 1 个专业合作社——全发养殖种植发展有限公司计划于 2017 年加入扶贫工作，为其帮扶的贫困户提供崽猪和饲料。

杨家山村围绕"五个一批"开展扶贫工作，动员当地的农业、养殖业大户参与扶贫工作，为贫困户提供物质上的支持，以生态补偿等方式实现共同获益。当地养殖大户孙红文通过养殖生猪实现致富，他不忘回报这一片山清水秀的村庄。2016 年，他建起了养殖场的沼气池，仅解决了养殖场的排泄和污染问题，还出钱为周边农户修建沼液管道，免费为其输送天然的清洁能源。此外，2017 年初，孙红文向杨家山村贫困户赠送了近 30 头母猪，并且提供技术指导，在精准扶贫工作中真正发挥了领头人的作用，带领村民在脱贫的道路上越走越远。

专栏　产业扶贫案例

朱孝文，男，54 岁，是杨家山村石院墙组的特困户，勤劳朴实，也是一位智慧、勇敢的创业者。他通过 3 年的努力，从建档立卡特困户一跃成为全村自主脱贫走向富裕的榜样。

一　困难再多，志气不减

1988 年兄弟姐妹们分田分家，当时 25 岁的他背负了全家 10 多个人 5300 元的债务，这笔钱相当于现在的几十万元。分家后，他做过牛羊肉生意，养过猪仔，打过小工，去新疆务工，在恩施市做漆匠、搞室内外装潢，虽然有一门手艺谋生，但是因为底子薄，日子过得格外艰难，长久未见起色。家里 2 个孩子慢慢长大，都要上学。加上小儿子骨质脆弱，体质差，5 岁之后四肢大大小小骨折不下 15 次。有时候在医院动手术当天，都要等着他把钱凑齐缴费了才安排手术，术后的住院费和医药费也是一笔不小的数目。基本上每天都是上午干活，中午凑钱，下午送到医院。

二　自主创业，勤劳致富

2009 年，他年纪慢慢大了，装潢公司担心安全问题，他在恩施的装潢工作愈发不好做了。他看着大女儿马上就要上大学，而小儿子身体状况还没有好转，日日夜夜地愁，一丝想法浮上心头，家里还有几十亩田地，10 年前种下的茶叶已经长得很旺盛了，这一片绿色带来了新的希望。筹办蓝家田绿山茶叶加工厂就这样在他谋划当中。当时由于资金短缺，债务缠身，他只能咬紧牙关东拼西凑，借了 23 万元贷款，搭建厂房、置办机器、请师傅、学技术……走了很多弯路，第一年春茶正旺的时候，由于没有经验，也没有人指导，全靠自己摸索，一夜之间损失上万元。他愁得头发都白了，但是想摘掉贫困帽子的信念和不服输的拼劲儿使其勇往直前。后来在村委会组织下，他参加了多次知识技能培训，茶叶加工厂慢慢步入正轨。经过不懈努力，朱孝文在 2015 年成功脱贫。2016 年，朱孝文的粗加工茶叶销售量达 6 万多斤，销售额 90 多万元，利润 10 多万元，贷款也慢慢还清（见图 6-7）。

图 6-7　杨家山村自主创业的朱孝文

三　心存感恩，带动脱贫

朱孝文的茶叶加工厂还辐射到邻近的几个村。他每天下午 5 点开着三轮车出去收茶，晚上十一二点拉着茶叶回家，然后就生火开工，工厂晚上常常灯火通明。高峰的时候，一天收茶 8000 多斤，夫妻俩只能轮流着休息 2 个小时。2 人撑起了整个加工厂的收购、加工、销售，经营逐渐走上正轨。湖北恩施市农村商业银行和村里的工作人员了解到他的困难后，主动帮其申请政府贴息贷款 10 万元，解决流动资金难题，并鼓励他好好干、大胆干，这也让他有了十足的信心和干劲。朱孝文非常感谢政府的帮助和支持，在发展工厂的同时不忘记带领村民共同致富。回收茶叶、成立专业合作社吸收社员，为全村早日实现脱贫摘帽贡献自己的一份力（见图6-8）。

图6-8　杨家山村带动脱贫的朱孝文

（二）基础设施建设扶贫

大力改善农村生产生活基础设施是精准扶贫的重要措施。杨家山村各项基础设施的改善主要集中在道路交通、安全饮水、电网改造以及危房改造等方面。

杨家山村交通条件落后，有36条主级公路，最欠缺的是小主级公路，共有35公里没人管，目前状况是通路不通车。在道路交通建设方面，2017年完成踩水滩至三汲口（含双坟垭口3.5公里）7.5公里改扩建及硬化工程；2018年完成落业坝至大垭口5.8公里（碾盘7.5公里）改扩建及硬化工程。积极配合上级部门，做好桥头至梨子树4.2公里的护栏安装工作；争取扶贫资金5万元完成杵杵河组级公路维修维护工作；争取4.4万元完成冬井湾组村组级公路维修维护工作。在电信网络改造方面，推进各项工作，但边远地区仍存在信号不好的现象，目前正在积极改进中。

在安全饮水方面，2017年全面实施屯渝路、屯大路沿线农户集镇自来水入户安装工作，紫竹园组、落业坝组完成集镇自来水12户的入户安装工作；在水利建设方面，建设3个水厂，在一定程度上解决了相关百姓的饮水问题。2018年在落业坝组龙潭坡建水厂1个，在招富山组、梨子树组、石院墙组各建100立方米饮水池一口，解决近500户1800多人饮水难问题，确保村民安全饮水。在招富山组、冬井湾组、梨子树组建水厂3个，在石院墙组、杵杵河组、邵家湾组建水池6口，全面解决村民饮水难问题。

在生产生活用电方面，杨家山村积极筹措扶贫资金进行电网改造，2017年在石院墙组拗口处、冬井湾组六家岩处、招富山组田汇槽处各增设50千伏安变电器1台；2018年在紫竹园组冉家湾处、邵家湾桥头各增设50千伏安变电器1台，在落业坝组、紫竹园组、石院墙组新增变压器3台，全面提高村民的用电质量。

在危房改造方面，2016年杨家山村完成18户的民居改造工作，各片按新农村建设标准，完成了6户的民居建设工作。

调查问卷显示，在调查的46户贫困户中，有1户贫困户通过安全饮水工程实现了自来水入户，有1户贫困户的入户道路得到了修建；有2户的危房得到改造；还为1户贫困户修建了沼气，大大方便了贫困户的生活（见表6-4）。

表6-4　杨家山村调查户基础设施建设情况

单位：户，%

基础设施建设	户数	占比
自来水入户	1	2.17
小型水利建设	0	0.00
蓄水池（窖）	0	0.00
电入户	0	0.00
入户路	1	2.17
危房改造	2	4.35
设施农业大棚	0	0.00
牧畜圈舍	0	0.00
基本农田建设改造	0	0.00
沼气	1	2.17

资料来源："精准扶贫精准脱贫百村调研"行政村调查问卷——杨家山村。

（三）就业扶贫

2000年，根据自然资源开发利用现状，恩施市开始实施天然林资源保护工程（即"天保工程"），涉及17个乡镇、街道办事处，以及8个国有林场。实施的"造、封、管、停、分"综合措施，取得了较好的效果。同时，通过天保工程为一批贫困户安排就业、提高收入。

按照天保工程的目标、任务、资金、责任和森林资源管护的要求，由政府根据森林资源管护的需要，让有劳动能力、具备一定文化水平（可以写巡山日志）、热爱森林管护工作的贫困人员承担本地天保工程森林管护任务，以增加其收入。按照天保工程的相关规定确定管护人员、划定管护区域、落实管护责任、签订天保工程森林管护承包协议，制订天保工程森林管护补助标准，明确天保工程森林管护补助发放办法。

为了帮助贫困户脱贫，近年来，根据市级以及屯堡乡的政策，杨家山村大力实施天保工程，将一部分有能力的建档立卡贫困户直接转变为护林员，部分贫困人口在家门口实现了就业，直接参与林业建设和发展。工作中护林员充分发挥主力军作用，积极履职尽责，保护辖区森林资源，成就青山绿水。贫困户通过护林岗位走上了脱贫之路。

目前，杨家山村共有 6 人被聘为生态护林员（天保管护员 5 人，每年支付工资 6000 元），分别管护 945 亩、7380 亩、600 亩、960 亩、375 亩、1650 亩林地。村委会每年支付护林员 4000 元，分两次支付。通过工程实施，不仅让贫困人口享受到生态红利，更让这里的生态得到了有效保护。

（四）易地搬迁扶贫

杨家山村贯彻《恩施市 2016 年度易地扶贫搬迁实施方案》，积极推进本村易地扶贫搬迁工作，从根本上解决建档立卡贫困户的生活生产问题，确保搬得出、稳得住、能脱贫。按照"保基本、促脱贫"的目标要求，坚持"挪穷窝"与"换穷业"并举、安居和乐业并重、搬迁与脱贫同步，从严做到"两公开"（公开评定搬迁对象、公开搬迁政策）、"两不准"（不准超面积建设、不准搬迁户因建房增贫）、"两配套"（配套基础设施和公共服务）、"一统配"（政府统一建设，实行"交钥匙"工程）。搬迁对象条件如下：①生存环境差；②基础设施及公共服务薄弱的地方；③主功能区划定为禁止开发或限制开发的人口；④大中型水库或者水源地缺乏生产生活资料的贫困人口；⑤其他需要扶贫搬迁的人口。易地搬迁（国家拨款1000多万元专款给屯堡乡）工程分三个年度实施，2016年完成4户10个人，2017年计划实施19户，其余的34户于2018年全面实施。

杨家山村深入调查，精准识别易地扶贫搬迁对象，严格按照"两公开"的要求和"一调查、两评议、三公示一审核、一锁定"的程序，在精准识别"回头看"的基础上，再次对需要搬迁的建档立卡贫困户进行确认。落实2016年易地扶贫搬迁目标任务，充分尊重群众的搬迁意愿，乡、村、组三级干部联合行动，加强政策宣传，确保政策宣传到组到户，群众知晓率达到100%。在此基础上，深入开展农户搬迁意愿大调查，确保有搬迁意愿的对象一个不落。认真组织召开组级户主会和村级村民代表会，对有搬迁意愿的对象进行公开评议，确保不符合搬迁条件的一个不进；严格落实"稳妥确定搬迁规模"的要求，坚持进度服务质量，牢固树立先谋后动、动则必成的理念，严防一哄而起，严防越轨踩线。正确处理投资拉动与政策限制的关系，坚决制止盲目冒进的行为，确保把"第一颗纽扣"扣正扣好。

按照易地扶贫搬迁的最新精神，杨家山村进一步完善易地扶贫搬迁规划和实施方案。按照"五靠近"要求，做好集中安置点规划选址工作，结合意愿调查和评议审核锁

图 6-9　杨家山村易地扶贫搬迁小组开会现场

图 6-10　杨家山村易地扶贫搬迁村民代表评议会现场

定的搬迁规模，编制集中安置点建设规划，做到安置点规模适度、房型设计与搬迁对象一一对应；规范建设程序。落实"要件齐备、程序简化"要求，优化办事流程，明确规划、审批、招投标、开工建设和验收分配等五个环节

图6-11　杨家山村贫困户异地扶贫搬迁入住新居

的必备要件和办理程序。市直相关部门积极配合、主动服务，加强与上级部门的联系对接，开辟"绿色通道"，为加快易地扶贫搬迁工作推进速度创造了条件。全市实施"七统一"，积极做好试点，要求各乡镇、办事处至少选择一个集中安置点作为试点，先行启动，探索经验。确定集中安置试点，探索专业市场推动、企业壮大引领、商业门店带动、光伏产业发动撬动等模式，推动本村易地扶贫搬迁按时间节点有序开展。

（五）教育扶贫

根据恩施市的有关政策，教育扶贫的主要内容包括各类教育发展、办学条件改善、教师队伍稳定等。到2019年，全州教育水平基本达到小康标准，通过助学帮扶，实现"三个确保"：确保义务教育阶段学生不因贫困、学困等失学；确保留守儿童不因亲情缺失、精神贫困等厌学；确保考上大学的贫困学生不因学费、生活费等问题上不起学。

杨家山村教育扶贫的主要内容是实施"雨露计划"。扶贫开发多年的实践证明，通过扶持、引导和培训，提高贫困人口素质，增强其就业和创业能力，把人口压力转化为资源优势，是加快贫困农民脱贫致富步伐的有效途径。为进一步提高贫困人口素质，增加贫困人口收入，加快扶贫开发和贫困地区社会主义新农村建设、构建和谐社会的步伐，国务院扶贫开发领导小组办公室决定在贫困地区实施"雨露计划"。作为新阶段扶贫开发工作的重要内容之一，"雨露计划"以政府主导、社会参与为特色，以提高素质、增强就业和创业能力为宗旨，以中职（中技）学历职业教育、劳动力转移培训、创业培训、农业实用技术培训、政策业务培训为手段，以促成转移就业、自主创业为途径，帮助贫困地区青壮年农民解决在就业、创业中遇到的实际困难，达到发展生产、增加收入的目的，最终促进贫困地区经济发展。

"雨露计划"基本原则：①以人为本，注重开发。以贫困群众为主体，在尊重他们意愿的基础上，通过适当的培训和引导，提高他们的自我积累、自我发展能力，实现人口资源向人力资本的有效转变。②突出重点，分类实施。针对不同地区、不同对象的不同需求，统筹计划、突出重点，进行分类指导和培训。③紧跟市场，按需施教。以市场需求为导向，以提高就业能力和创业能力为目标，按照不同行业要求，采取不同内容、不同形式组织培训，增强培训的针对性和实效性。④整合资源，创新机制。以现有教育培训机构为主渠道，发挥多种培训资源的作用，充分调动培训机构、用人单位和农民群众自身的积极性，多渠道、多层次、多形式地开展满足贫困地区社会主义新农村建设现实需要的各类培训。⑤政府主导，共同参与。在坚持政府主导的前提下，积极动员、引导和组织包括民营经济、非政府组织和国际社会在内的社会各界，通过多种形式参与和支持"雨露计划"的实施。

"雨露计划"实施的对象主要有四类：扶贫工作中建档立卡的青壮年农民（16~45 岁）；贫困户中的复员退伍士兵（含技术军士）；扶贫开发工作重点村的村干部和能帮助带动贫困户脱贫的致富骨干；建档立卡贫困子女参加中等职业教育（全日制普通中专、成人中专、职业高中、技工院校）和高等职业教育（全日制普通大专、高职院校、技师学院等）的。

（六）政策兜底

根据扶贫政策，杨家山村对贫困人口中完全或部分丧失劳动能力的由社会保障来兜底，统筹协调农村扶贫标准和农村低保标准，加大其他形式的社会救助力度。要加强医疗保险和医疗救助，新型农村合作医疗和大病保险政策要对贫困人口倾斜。

政策兜底目标任务包括：①将完全或部分丧失劳动能力的贫困家庭和其他符合低保条件的贫困家庭全部纳入农村低保，实行按标施保，保证其实际收入水平逐步达到或超过当年脱贫标准；②对五保对象实行应保尽保，对自愿集中供养的，由乡镇（办事处）福利院实行集中供养；③对低保、五保对象实行医疗救助和医疗扶持；④对低保、五保对象落实上述保障政策后仍有突发性困难的，给予临时救助和其他帮扶措施，鼓励社会力量捐助扶持。

保障标准：根据《恩施州农村低保家庭经济状况核算评估暂行办法（试行）》，充分运用居民经济状况核对信息系统，精准识别农村低保、五保对象，为低保户由"评"到"算"转变提供政策保障和技术支撑。2016年农村居民最低生活保障标准由以前的2300元／（人·年）提高到3200元／（人·年）。对农村五保供养对象，集中供养标准由以前的3300元／（人·年）提高到5100元／（人·年），分散供养标准由以前的2500元／（人·年）提高到4000元／（人·年）。根据《恩施市城乡贫困群众临时救助实施办法》，对需"救急难"的群众最高的救助额度提升至1万元等。

到2019年，全州农村低保线与贫困线实现"两线合一"，2020年农村低保线标准超过贫困线。农村五保供养标准按不低于上年度全州农村居民人均消费支出的80%确定，医疗救助、临时救助、灾害救助、法律援助等标准按国家规定执行。

调查问卷结果显示，调查的46户贫困户中，有5户贫困户获得教育补助，占调查贫困户的10.87%；有5户贫困户享受了疾病补助，占调查贫困户的10.87%；有1户贫困户获得灾害补助，占比为2.17%；有13户贫困户享受了低保补助，有4户贫困户享受了五保补助，分别占调查贫困户的28.26%和8.7%(见图6-12)。

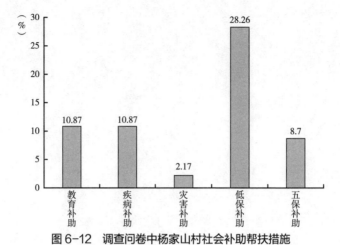

图6-12 调查问卷中杨家山村社会补助帮扶措施

资料来源:"精准扶贫精准脱贫百村调研"行政村调查问卷——杨家山村。

第七章

杨家山村精准扶贫精准脱贫工作管理及成效

第一节　杨家山村精准扶贫规划

一　规划目标任务

为保证杨家山村贫困群体脱贫工作的顺利进行，村委会在 2016 年 3 月制定了《杨家山村精准扶贫贫困户发展脱贫规划》。根据规划安排，2015~2019 年脱贫目标任务如表7-1 所示。

表 7-1　杨家山村脱贫规划目标任务（2016 年 3 月）

年 份	减贫户数（户）	减贫人口	减贫人口占比（%）
2015	46	169	12
2016	42	81	6
2017	27	50	4

年 份	减贫户数（户）	减贫人口	减贫人口占比（%）
2018	83	225	16
2019	277	849	62
合 计	475	1374	100

资料来源："精准扶贫精准脱贫百村调研"行政村调查问卷——杨家山村。

对于贫困户群体的脱贫方式，根据"五个一批"制定了相应措施，包括：①发展产业脱贫一批：483户1552人，占比92%；②易地扶贫搬迁脱贫一批：70户195人，占比13%；③社会保障兜底一批：83户147人，占比16%；④生态补偿脱贫一批：35户100人，占比7%；⑤发展教育脱贫一批：198户815人，占比38%。

2016年12月，杨家山村村委会根据本村脱贫工作开展的实际情况，制定了更为具体的规划，即《湖北省恩施市屯堡乡杨家山村精准扶贫精准脱贫规划（2017~2019

图7-1 杨家山村精准扶贫规划布局

年）》，规划目标为：通过两年的努力，使全村的基础设施、村容村貌有明显改善；特色增收产业基本形成；农民健康生活水平、综合素质和自我发展能力明显提升；通过国土整治项目的实施，有效缓解全村基础设施薄弱问题；通过对本村地质灾害点治理，解决滑坡体风险问题。

二 规划内容

（一）发展生产脱贫一批

发展生产方面，发展种植业和养殖业。种植业采取"121+X"模式，充分发挥专业合作社的带动作用，与贫困户对接，采取保底收购、利益返还、技术指导、务工就业等形式，使贫困户稳定增收、早日脱贫、共同致富，具体包括：①在稳定 4802 亩茶叶种植面积基础上，争取新发展绿茶 1000 亩，惠及贫困户 280 户 800 人；②加大对2800 亩油茶的管理和培育力度，促使农户利用科技培训增强科技知识，进一步搞好跟踪服务，指导搞好"三防一修剪"的配套服务；③管理好银杏 1030 亩，计划发展 1000亩，涉及贫困户 150 户 540 人；④利用旅游沿线优势搞好润色工程，计划在邵家湾组、杵杵河组、龙王塘组、沙坝组境内发展果树 500 亩，为下一步观光旅游打下基础，增加 90 户 300 人收入；⑤在梨子树组、周家村组、紫竹园组一带发展小水果，供游客采摘，涉及贫困户 120 户 400 人；⑥在石院墙组发展有机蔬菜种植，涉及贫困户 34 户 100

人，直接为贫困户增收。在养殖业方面，规划以专业合作社、家庭农场为主，带动周边贫困户，加强技术培训，计划投入资金 300 万元，实现年出栏肉牛 100 头、生猪 3000 头、羊 80 头、肉鸡 5000 只。

（二）易地搬迁脱贫一批

计划投入资金 1000 万元，实施易地扶贫搬迁转移贫困群众 59 户 151 人。2016 年已实施 4 户 10 人搬迁。2017 年实施 55 户 141 人搬迁，其中安置点大场坝 9 户 14 人、石院墙学校 5 户 15 人、伴云庵 5 户 7 人，分散安置 36 户 105 人。通过劳动技能培训和后续产业建设，发展茶叶、畜牧等主导产业。同时，开展群众思想观念、市场意识、文化素质教育，让搬迁群众基本实现"搬得出、稳得住、能致富"。

图 7-2　杨家山村谭宇易地扶贫搬迁后的新家

（三）生态补偿脱贫一批

计划投入资金 7 万元，筛选符合条件的贫困人员就地转变为护林员 11 名，实施公益林生态补偿脱贫机制，增加贫困人员收入，确保完成 8000 亩 346 户 967 人的生态补偿申报，落实 113 户 524 亩退耕还林补贴到位，预计 2017 年新发展 1500 亩，其中涉及贫困户 350 户 1100 人。

（四）发展教育脱贫一批

发展教育脱贫方面具体包括：①拓宽困难学生帮扶渠道，计划投入资金 5 万元实施"村企联手拉小手"活动，村支"两委"积极寻求企业资助，帮助现有建档立卡贫困生顺利完成学业；②关爱留守家庭老小，计划投入资金 10 万元为留守家庭建立"亲情连线"，完善电脑、智能手机服务，运用网络通信、视频连接等方式，为留守儿童和老人每月至少提供一次与外出务工家庭成员联系的免费服务；③认真落实国家困难学生资助政策，对建档立卡贫困学生中符合政策的，及时督促其申报"雨露计划"、交通补贴及寄宿生补贴等。

（五）社会保障兜底一批

认真落实民政、卫生、人社、残联等部门政策，通过整合资源、整合资金，完善救助机制，以现有低保贫困户 119 户 301 人、五保贫困户 31 户 32 人、重度残疾 32 人的兜底对象为基数，实行动态管理，精准承接新产生的兜底对象，确保 2017 年通过前四批脱贫措施仍无法脱贫的建档立卡贫困户全部实现脱贫。

第二节 杨家山村精准扶贫开发举措

按照精准扶贫的要求，贫困户的确定大体要通过农户申请→群众评议→初步公示→听取意见→深度核查→民主评定→公示公告等步骤。从实践上看，民主评议的过程往往恶化了邻里关系；从结果上看，绝对补贴形式在一定程度上打击了积极干活挣钱的人。不仅如此，这种绝对补贴的形式也会在一定程度上造就"懒人"。

一 创新"488 管理模式"

在精准扶贫管理方面，杨家山村采用了"488 管理模式"，内容主要包括"四个精准"、"八个一批"和"八个模式"。"四个精准"，即精准识别、精准帮扶、精准管理、精准考核；"八个一批"，即扶持生产发展一批、移民搬迁安置一批、低保政策兜底一批、医疗救助扶持一批、技能培训转移一批、基础设施建设带动一批、教育扶智帮扶一批、社会扶贫救助一批；"八个模式"，是指社会扶贫的"八种模式"，包括干部职工结对帮扶、专业合作社带动帮扶、外援单位对口帮扶、市场主体结对帮扶、社会人士认领帮扶、外地商会投资帮扶、亲戚邻里互助帮扶、公益机构资助帮扶。

在精准扶贫工作方面，杨家山村按照市政府推行的"1231 帮扶模式"，积极落实"一名市级领导带领 3 个以

上部门、连续 2 年帮扶 1 个重点贫困村完成脱贫任务"，
突出整村推进、产业扶贫和贫困村劳动力转移培训等工作
重点，认真开展城乡互联、结对共建。在此基础上，进一
步配合落实驻村帮扶各项规定，明确驻村帮扶工作职责，
包括建强基层组织、开展政策宣传、落实建档立卡、制订
帮扶计划、发展扶贫产业、改善民生条件；严格驻村工作
队帮扶纪律，包括不准新增村级债务、不准向基层提任何
不合理的要求、不准接受基层吃请和报销开支、不准接受
基层的馈赠（包括土特产）、不准参与赌博和娱乐消费、
不准基层陪同和迎送，结对共建，创造性开展工作，取得
了良好效果。

　　杨家山村作为屯堡乡重点贫困村，2017 年由屯堡乡安
排了 10 个乡直单位定点联系。先是入户走访工作，练好
"精准"功夫，2017 年 3 月 28 日，屯堡乡组织联系本村的
扶贫队员举行了精准扶贫入户前集训。培训后，全体队员
带着真诚、真情、真心走访入户，以"见、谈、谋、走、
填"为切入点，扎实工作，力求实效，务求精准。"见"
即见面：深入贫困户家中，了解家庭情况，摸清致贫原
因，做到"六看"（一看房、二看粮、三看劳动力强不强、
四看有没有读书郎、五看有没有病残睡在床、六看有没有
恶习沾染上）；"谈"好白：与贫困户交心谈心，聆听他
们的心声和愿望，激发他们战胜贫困的信心和决心，做到
"五问"（一问田土山林、二问收入支出、三问想法意愿、
四问通信方式、五问周边邻里）；"谋"好业：春天是播种
希望和种子的季节，春天误一季就误一年，做到"四谋"

（一谋春种、二谋春管、三谋春摘、四谋务工）；"走"好亲：要视贫困户为亲人，与他们多交流多沟通，才能亲上加亲，赢得信任和理解，赢得党心和民心，做到越走越亲；"填"好表：留下工作过程和痕迹，检验工作成效，做到"三填"（一填扶贫手册、二填精准扶贫精准脱贫明白卡、三填贫困户登记表）。

为了帮助杨家山村落实 2019 年完成整村脱贫出列任务，2017 年上级确定以恩施市国土资源局为主的市直机关以及乡属机构为杨家山村的对口帮扶单位。帮扶方式主要采取了一对一、结对帮扶。各个帮扶单位的任务为：市委宣传部 14 人帮扶 28 户、市国土资源局 47 人帮扶 94 户、市新闻中心 14 人帮扶 28 户、市公汽公司 17 人帮扶 34 户，乡林业站 8 人帮扶 33 户、乡扶贫办 2 人帮扶 6 户、乡文体中心 2 人帮扶 8 户、乡交安办 3 人帮扶 15 户、乡国土所 3 人帮扶 15 户、乡项目办 2 人帮扶 6 户，村委会 10 人帮扶共 69 户，参与结对帮扶共 122 人。帮扶的目标是让贫困户在两年内实现"一有、两不愁、四保障"。"一有"即收入有来源，"两不愁"指的是不愁吃、不愁穿，"四保障"指的是义务教育、基本医疗、住房和养老有保障。

通过帮扶，2014~2017 年，共投入 564.2 万元新建 19 台变压器改善居民用电；基本农田整治投入 1625 万元；治理地质灾害，安装电子监控系统；投入 20 万元用于落业坝、石院墙、杵杵河道路维修维护，投入 126 万元用于屯堡桥头至梨子树组 4.2 公里公路改扩建及硬化；投入 60 万元完成 38 户特色民居改造；争取发展生产奖励资金 3.6 万元对42户贫困户实施奖励；在石院墙新建村级卫生室1座；易地扶贫搬迁2016年实施4户10人（已入住），2017年全面实施55户139人搬迁，目前所有易地搬迁贫困户居所已动工，主体全部完工；对杨家山村60余人次实施免费医疗救助。

二 帮扶方案和措施

杨家山村组建了一支来自各方的强大的乡镇和农村扶贫干部队伍。这支队伍能吃苦、肯受累，深入了解贫困地区和基层的实际，能够切身理解贫困者的不幸，为扶贫开发事业忘我工作、努力奉献。根据杨家山村扶贫工作方案，该村对贫困户和贫困人口制定了相应的帮扶原则和帮扶措施。

（一）精准帮扶原则

坚持政府统筹、社会参与。充分发挥政府的组织领导和统筹协调作用，搭建平台，以政府资源引导社会力量投入精准扶贫工作。广泛动员，调动社会各界扶贫帮困的积极性，营造良好氛围。

坚持帮扶主导，群众主体。发挥帮扶力量在扶贫中的引导、促进和催化作用，强化帮扶对象的主体意识，调动帮扶主体的积极性、能动性，增强自我发展能力，实现勤劳致富。

坚持突出重点，注重实效。引导社会力量集中扶持贫困村和贫困户，把握扶持重点，紧扣关键环节，着力解决制约发展和脱贫的瓶颈因素。甄别致贫主因，分清轻重缓急，合理配置扶贫资源，实现扶贫成效最大化。

坚持典型引导，奖励先进。对扶贫工作中先进事迹和典型人物加大宣传力度，对认真履行扶贫责任的部门、社会团体、企业、个人及时给予物质和荣誉奖励，鼓励更多社会力量发扬帮贫助困的传统美德，积极参与扶贫工作。

（二）精准帮扶措施

根据精准扶贫工作方案，确定帮扶参与方式和措施，全体动员，决战决胜脱贫攻坚。

党员干部结对帮扶。搭建党组织、党员干部直接联系服务平台，实施"四个一"结对帮扶机制，发挥精准扶贫、精准脱贫主渠道作用。共59名党员干部帮扶1105人，每名党员干部至少结对帮扶3户以上贫困户"销号"，做到不解决问题不退出、不脱贫不脱钩。

专业合作社带动帮扶。注重将专业合作社与精准扶贫、贫困户脱贫相结合，使其成为精准扶贫精准脱贫的主战场。鼓励组建2个专业合作社，抱团发展产业，实现"一村一品"，带动村民脱贫致富。每个合作社挂钩帮扶3户以上贫困户，增加贫困户收入，使专业合作社与贫困户实现双赢互利。

富户大户引导帮扶。本村计划7名富户、能人大户帮扶20户67人，引导他们把自己的"致富经"倾囊相授，通过大户带小户、富户帮穷户、一户带一村、一村带一户的模式，加快当地脱贫致富步伐，实现全村群众共同富裕。

企业个人参与帮扶。全村5家企业帮扶16户50人，通过资源开发、产业培育、市场开拓、村企共建等多种形式到贫困地区投资兴业、培训技能、吸纳就业、捐资助贫，参与扶贫开发，发挥辐射和带动作用。

外出创业人士认领帮扶。打好亲情牌、乡情牌，契合他们回报家乡的浓厚愿望，融入社会扶贫大军，鼓励他们认领帮扶家乡贫困户，出主意、想办法，帮扶脱贫摘帽。鼓励农民工、大学生和退役士兵等人员返乡创业，带动周边群众就业，增加收入。鼓励他们从事公益事业，建校修路架桥，改善基础条件，推动杨家山村经济社会发展。引导3名人士认领9户28人脱贫摘帽任务。

机构救助定向帮扶与政策兜底帮扶。要支持社会团体、基金会、民办非企业单位等各类组织机构积极从事扶贫开发事业，引导他们聚焦因病、因灾、因残、因学等原因导致的特殊农村贫困人群，通过临时救助帮助脱贫。要按照"保基本、兜底线、促公平、可持续"的要求，坚持"公开、公平、公正"和"执行最高标准，差额救助"的工作原则，对五保户、低保户、特殊困难户分别采取低保、集中供养、分散供养、大病救助和发放生活补助等方式，通过政策提标、实行政府精准兜底保障，进一步织牢社会保障网。村两委干部要肩负起这部分贫困群体的帮扶责任，确保各项惠民政策落实到人、到户，保证准时足额送到政策兜底帮扶户手中。

对于脱贫过程中的帮扶措施，通过调查问卷可以看出，贫困户主要得到的帮扶措施涉及公共服务和社会事业以及发展生产等方面，二者分别占到54%和26%。公共服务和社会事业方面的主要帮扶措施涉及低保补助、医疗补助、教育补助等。发展生产方面的主要帮扶措施涉及种植业和林果业方面。调查问卷中选择技能培训和小额信贷帮扶措施的为0（见表7-2）。

表7-2　调查问卷中杨家山村帮扶措施

单位：%

2015 年以来得到的帮扶措施	样本占比
技能培训	0
小额信贷	0
发展生产	26
带动就业	4
易地搬迁	9
基础设施建设	7
公共服务和社会事业	54

资料来源："精准扶贫精准脱贫百村调研"行政村调查问卷——杨家山村。

三　杨家山村（屯堡乡）扶贫检查考核制度

（一）脱贫验收办法

贫困户脱贫验收办法。①入户调查。由村委会、驻村工作队按照贫困户脱贫标准，组织专班进行入户调查，并按调查评分情况，初步确定预脱贫对象名单并在全村公示。②民主评议。由村委会、驻村工作队召开村民代表大会和党员大会，对贫困户脱贫情况进行民主讨论、评议，确定正式名单。③村组申请。由村委会依据贫困户实际情况拟订脱贫预选名单，向乡镇提出申请。④乡镇审核。乡镇组织专班抽查，经审核认可后上报市扶贫工作领导小组办公室。⑤第三方机构测评。由市扶贫领导小组办公室委托第三方中介机构，进村入户对脱贫对象按不低于10%的比例进行抽样核查，经第三方中介机构评定后，送市扶贫开发领导小组办公室审批。⑥脱贫销号。市扶贫开发领导小组办公室审核后，宣布贫困户正式脱贫，分乡、村两级进行公告公示，通知各乡镇做好建档立卡信息系统调整工作。

贫困村脱贫验收办法。①村级申请。各贫困村依据贫困村脱贫验收标准，准备相关核实佐证材料，填写《恩施市贫困村脱贫验收自查表》，向乡镇提出贫困村脱贫申请。②乡镇审核。各乡镇依据贫困村脱贫工作开展情况，对照贫困村脱贫标准进行审核、打分，综合分析确定贫困村脱贫名单并上报市扶贫开发领导小组办公室。③第三方机构测评。由市扶贫领导小组办公室委托第三方中介机构，对各乡镇贫困村脱贫情况进行测评，经第三方中介机构认定通过后，送市扶贫开发领导小组办公室。④脱贫销号。市扶贫开发领导小组办公室组织工作专班对贫困村脱贫工作情况进行检查验收，采取随机抽样和重点核查的方式进村入户，对各监测数据进行实地核查，并结合扶贫项目实施验收情况、扶贫资金使用情况，综合判定贫困村是否脱贫，对正式脱贫的贫困村在全市公告公示，做好建档立卡信息系统调整工作，并报州扶贫开发领导小组办公室备查。

（二）精准扶贫驻村帮扶督办检查制度

严抓建档立卡数据质量核查工作，包括对建档立卡数据的真实性、准确性、完整性进行检查，以及对整理、收集贫困户识别资料，如查阅入户调查表、民主评议记录、公示公告图片等查看落实情况。基本程序如下。

做好贫困户"一户一档"工作，主要是"一册、二表、二卡"。"一册"指扶贫手册（含贫困户主照片，见图7-3），"二表"指贫困户脱贫评分表、贫困户识别表，"二卡"指基本信息登记卡（含房屋照片）、扶贫动态管理卡。

图7-3　扶贫手册

村级扶贫工作资料包括村级五年扶贫发展规划（2015~2019年）、村级扶贫工作年度脱贫计划、项目实施方案（每实施一个项目要有一个完整方案，从计划到实施、验收全过程）。

干部结对帮扶情况包括驻村工作队名单、驻村日记、驻村帮扶方案、干部结对帮扶贫困户花名册、帮扶手册及帮扶情况。

按照"精准识别、精准帮扶、精准管理、精准考核和社会扶贫"的整体要求，上墙公示资料完成情况。

对扶贫搬迁、生态移民项目完成情况的督查方式主要有查看资料和入户调查。入户调查要求不少于 5 户贫困户。

图 7-4　杨家山村精准扶贫考核展示栏

第三节　杨家山村精准脱贫成效

杨家山村 2014 年建档立卡贫困户 592 户 1825 人，2014 年脱贫 114 户 435 人，2015 年脱贫 47 户 174 人，2016 年脱贫 25 户 77 人，2017 年预脱贫 7 户 24 人。截至

2017 年，因各种原因留存未脱贫的贫困户 343 户 958 人（新增 5 户 11 人，死亡绝户 2 户 2 人），其中一般贫困户 193 户 625 人、低保户 119 户 301 人、五保户 31 户 32 人。

2014 ～ 2017 年，杨家山村脱贫户数为 193 户，脱贫人数为 710 人，分别占 2013 年建档立卡贫困户的 33% 和贫困人口的 39%。杨家山村脱贫工作取得了一定的成效。村支"两委"按照"1231"的产业发展思路，利用"121+X"发展模式，按照"112324"的基础设施网络建设格局，预计 2019 年末实现整村脱贫。通过问卷调查可以看出杨家山村的脱贫工作及效果。

关于村民对本村安排的扶贫项目的看法，调查问卷结果显示，认为"非常合理"的共有 6 户，其中贫困户 5 户，非贫困户 1 户，占总样本的比例为 10.17%；认为"比较合理"的共有 20 户，合计占总样本的比例为 33.9%，其中贫困户 16 户，占贫困户样本的比例高达 36.36%，非贫困户 4 户，占非贫困户样本的 26.67%；认为"不太合理"的共有 6 户，占总样本的比例为 10.17%，其中贫困户 2 户，占贫困户样本的比例为 4.55%，非贫困户 4 户，占非贫困户样本的 26.67%；尤其值得注意的是，认为"说不清"的比例高达 38.98%，其中有 18 户贫困户和 5 户非贫困户。总样本中认为"不太合理"、"很不合理"和"说不清"的合计占比 50.84%，在非贫困户样本中该比例高达 60%，贫困户样本中该比例则为 47.73%，也就是说，调查对象中有超过一半的都对本村安排的扶贫项目感到不满意，其中有近 2/3 的非贫困户和近 1/2 的非贫困户（见表 7-3）。

表7-3 对杨家山村安排的扶贫项目的看法

单位：户，%

项目	贫困户		非贫困户		样本	
	户数	比例	户数	比例	户数	比例
非常合理	5	11.36	1	6.67	6	10.17
比较合理	16	36.36	4	26.67	20	33.90
一般	2	4.55	1	6.67	3	5.08
不太合理	2	4.55	4	26.67	6	10.17
很不合理	1	2.27	0	0.00	1	1.69
说不清	18	40.91	5	33.33	23	38.98

资料来源："精准扶贫精准脱贫百村调研"行政村调查问卷——杨家山村。

关于村民对本村扶贫效果的看法，调查问卷结果显示，认为扶贫效果"非常好"的只有1户，是贫困户，占贫困户样本的比例为2.33%，占总样本的比例只有1.72%；认为"比较好"的共有18户，其中17户是贫困户，占贫困户样本的比例为39.53%；有13.95%的贫困户认为扶贫效果"不太好"，有16.28%的贫困户认为"很不好"，还有16.28%的贫困户表示"说不清"，同时也有高达53.33%的非贫困户表示"说不清"。调查的贫困户样本中，认为扶贫效果"不太好"、"很不好"和"说不清"的合计占46.51%，即接近一半的贫困户都对扶贫效果感到不满意（见表7-4）。

表7-4 对杨家山村扶贫效果的看法

单位：户，%

项目	贫困户		非贫困户		样本	
	户数	比例	户数	比例	户数	比例
非常好	1	2.33	0	0.00	1	1.72
比较好	17	39.53	1	6.67	18	31.03
一般	5	11.63	3	20.00	8	13.79

项目	贫困户		非贫困户		样本	
	户数	比例	户数	比例	户数	比例
不太好	6	13.95	2	13.33	8	13.79
很不好	7	16.28	1	6.67	8	13.79
说不清	7	16.28	8	53.33	15	25.86

资料来源:"精准扶贫精准脱贫百村调研"行政村调查问卷——杨家山村。

关于贫困户对为本户安排扶贫措施适当性的看法,在调查的 46 户贫困户样本中,对这一问题的回答有 43 户为有效问卷。调查结果显示,认为对本户的扶贫措施"非常适合"的有 5 户,占有效样本的比例为 11.6%;认为"比较适合"的有 15 户,占比为 34.9%;有 16.3% 的认为扶贫措施"一般";认为"不太适合"的有 2 户,占 4.7%;认为"很不适合"的有 3 户,占比 7.0%;还有 25.6% 的表示"说不清"。认为扶贫措施"不太适合"、"很不适合"和"说不清"的合计占比为 37.21%,即一半以上的贫困户对于为其安排的扶贫措施感到满意,但也有接近 2/5 的贫困户感到不满意。

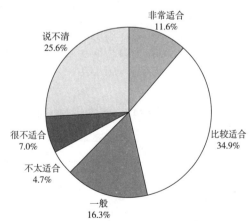

图 7-5　杨家山村贫困户对本户安排扶贫措施适当性看法

关于贫困户对为本户到目前为止扶贫效果的评价，在调查的 46 户贫困户样本中，对这一问题的回答有 43 户为有效问卷。调查结果显示，认为对本户的扶贫措施"非常好"的有 2 户，占有效样本的比例为 4.65%；认为"比较好"的有 15 户，占比为 34.88%；13.95% 的贫困户认为扶贫效果"一般"；认为"不太好"的占 11.63%；认为"很不好"的占比高达 18.6%；还有 16.28% 的表示"说不清"。认为扶贫效果"不太好"、"很不好"和"说不清"的合计占比达到 46.51%，即有接近一半的贫困户对本户的扶贫措施感到不满意。

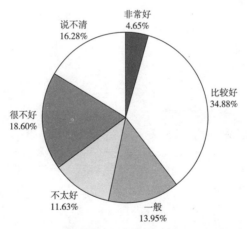

图 7-6　杨家山村贫困户对本户到目前为止扶贫效果评价

资料来源："精准扶贫精准脱贫百村调研"行政村调查问卷——杨家山村。

　　总体上讲，经过多方努力，杨家山村精准扶贫、精准脱贫工作取得了明显成效，超过一半的调查户对精准脱贫工作和脱贫效果均表示满意。但是，无论是脱贫进度，还是当地困难群众对脱贫工作及其效果的评价占比，都反映出杨家山村的精准扶贫精准脱贫工作仍具有很大的提升和改善空间。

第八章

杨家山村精准扶贫精准脱贫经验总结

第一节　准确识别困难和问题

　　由于精准扶贫实践受到历史、地理、生态、人口、经济基础、政策和成本等多方面因素的制约，扶贫工作面临贫困户精准识别误差、对贫困户的实际情况缺乏深入了解、扶贫对策缺乏针对性、扶贫资源指向不准等困境，同时，存在贫困户的参与性不足、帮扶政策的异质性与灵活性较低、驻村工作队的扶贫实效性较差等问题。杨家山村两委为了更好地带领全村贫困群众尽快脱贫致富，坚决打赢本村脱贫攻坚战，对本村的困难情况进行了认真的审视和梳理。经过调查发现，该村在精准扶贫精准脱贫过程中，确实存在一系列集中连片特困山区特有的不易克服的困难和问题。

一 底子薄，经济基础脆弱

杨家山村经济基础薄弱表现在多个方面：一是所属恩施州经济总量小，人均收入水平低，社会发展整体滞后。全州经济总量在全省占比较小，人均生产总值远低于全省平均水平。2016年，湖北省完成生产总值32297.91亿元，[①] 恩施州完成生产总值为735.7亿元，仅占全省的2.18%。按年均常住人口计算，湖北省人均生产总值为55038.40元，恩施州人均生产总值为22050元，仅为全省人均水平的40.06%。二是恩施州产业结构层次较低，可以说无暇顾及处在特困山区的偏远村庄。2016年，全州第一产业增加值152.52亿元，第二产业增加值264.73亿元，第三产业增加值318.45亿元。三次产业结构比为20.7∶36.0∶43.3。与全省其他州市相比，恩施州第一产业所占比重相对较高，第二产业占比相对较低。恩施州工业发展相对缓慢，缺乏有力的政策和项目支撑，在产业发展中倾向于提供资源型和初级产品，经济附加值不高，没有形成规模型、集约型产业现代化发展格局。三是恩施州人均收入水平与全省差距进一步拉大，山村脱贫环境不容乐观。2016年，恩施州城镇常住居民人均可支配收入24410元，比全省低4976元；农村常住居民人均可支配收入8728元，[②] 比全省低3997元。四是财政收入比重小，税源结构不稳定等。从财政收支来看，2016

---

① 资料来源于湖北省2016年国民经济和社会发展统计公报。

② 资料来源于2016年恩施州国民经济和社会发展统计公报。

年，恩施州地方一般公共预算收入 71.91 亿元，其中税收收入 51.44 亿元，占 71.53%。全年一般公共预算支出 320.24 亿元，约 3/4 的财政支出依赖中央和省财政对民族地区和武陵山区的倾斜政策，财政供需矛盾比较突出。从税源结构来看，恩施州经济结构单一，财政收入的增长缺少上规模、上层次的新增税源，而且没有多少存量税源可控。而工业企业实体经济产生的税收较少，新的财源增长点较少，财政抵御风险能力较差，缺乏稳定的收入来源。总体来看，恩施州发展相对不充足，收入来源相对狭窄，也限制了其精准扶贫工作的开展，凭一己之力，很难在短期内迅速脱贫致富，实现跨越式发展。

杨家山村经济基础差，贫困基数大，贫困程度深，农民脱贫增收的办法不多，稳定增收的渠道不宽，要实现 2020 年整村脱贫，必须立足本村实际，创新理念，改善生产生活条件，提高贫困群众素质能力，培育稳定增收的主导产业，将"输血"与"造血"相结合，增强内生动力。

二 要素资源匮乏，制约产业发展

人才、技术、资金等要素资源十分匮乏，严重制约着产业发展。产业扶贫固然可以增强扶贫的"造血"功能，但在杨家山村却难以实施。长期以来，恩施州由于工商业基础薄弱，经济发展落后，人才、资金等要素资源集聚效应低，杨家山村劳力、技术、资金、信息等要素资源配置也不充分，支持经济发展的动力和后劲不足。

首先，产业发展最需要的是人，是有知识、有想法、年富力强的创业者，而目前农村人力资源大批流失，特别是大量的优质人力资源流向城市，导致产业发展缺乏基础。改革开放以来的"孔雀东南飞"局面依旧，少数民族州县高技术人才净流出现象明显，加大了民族地区人才招留的难度。据统计，当地劳动力数为2650人，外出半年以上劳动力数达728人，其中举家外出务工家庭42户158人。① 杨家山村大量青壮年劳动力外出务工，留下的都是老、弱、病、残、幼，不仅面临许多生产生活问题，也造成了村落空心化和人口老龄化，乡村治理名不副实。留在当地的劳动力从数量和质量上看都相对较差，且文化素质和认知能力相对较低，又缺乏专业的技能和专长，同时思想观念较为落后，科技意识较为淡薄，导致农业生产的效率低，创新产业发展更是谈不上。

其次，金融扶贫改革，受政策性银行扶贫信贷投放力度不够、金融服务配套设施落后等因素影响，贫困地区金融参与精准扶贫的效果不明显。杨家山村确定以茶叶产业作为扶贫的主导产业，主要采取大户带动的模式，扶贫资金一般也用于支持生产大户。而根据调查，杨家山村的困难户中有37.6%的严重缺乏资金，而扶贫资金

① 资料来源："精准扶贫精准脱贫百村调研"行政村调查问卷——杨家山村。

无法满足一般贫困户的需求，这就造成精准扶贫实践与精准扶贫政策相悖。在杨家山村，目前产业发展还远不能形成规模化，而基础设施建设也不能满足发展现代产业的要求，这样的情形，又很难吸引外出的青壮年回流，仅靠外在的扶贫资源入村发挥作用，难以从根本上解决问题。

最后，少数民族自治州县普遍存在思想观念陈旧、社会文化心理比较"封闭保守求稳"、发展观念相对落后、创新意识不强、科技意识淡薄、小农封建思想色彩浓厚等问题，缺乏与时俱进的创新精神和捕捉前沿信息的敏锐力，以致经济社会发展"慢半拍"，难以适应变幻莫测的市场需求和日新月异的发展趋势。

三　基础设施建设成本高，公共服务资源有限

杨家山村由 5 个小村合并而成，面积广、山大人稀，农户居住分散，自然条件差，交通基础条件落后，通行条件差，大部分地区依然是泥沙路，普遍存在路基窄、路面差、坡度大、弯道急等问题。杨家山村除 1 个组地处屯堡乡镇边、交通方便以外，多数组位于交通不便的边远山区，甚至存在交通死角，最远一组离村委会步行时间需要大半天。受地理、区位、自然条件等因素影响，杨家山村公共服务设施建设难度大，维护成本高，有效覆盖面窄，因而落实的项目较少，导致杨家山村基础设施建设滞后。目前，杨家山村路、水、电、网等方面的基础设施欠账很

大，公共物品和公共服务分布不均、延展不深，难以为市场运行、居民服务提供良好的平台。

四　扶贫体制问题，效率精准度受限

精准扶贫功在当代利在千秋，全村人都非常拥护和支持精准扶贫政策。但是，好事办好还需要下一番功夫。眼下，在扶贫体制和各种关系的协调和理顺方面，就出现了一些难题。常言道，上面千条线、下面一根针，尤其是大家都来对最基层予以帮扶，处理不好各方关系、形不成合力就会出现互相掣肘，影响工作效率和效果。为响应上级号召，各路扶贫人马从四面八方来到杨家山村，帮助扶贫开发本是好事，诸如驻村工作队队长、第一书记、尖刀班班长（每班7人，共计21人），市里来了7个，乡里有1~2人，常驻村里，虽然相处比较和谐，但涉及某些问题，如同其他村的发展怎么协调、怎么学习借鉴，该由谁来牵头安排工作等，往往出现脱钩或衔接不好等问题。近期，虽然村里新来的一批扶贫人员在有些工作内容交叉方面有所改进，但仍感到机制方面的问题未理顺，没有一个相对稳定的机制体制，往往是施行临时性行为，影响工作效率的提高。

五　扶贫人手少、任务重，压力强度攀升

杨家山村贫困面广，贫困程度深，扶贫任务艰巨。全

村目前还有贫困户 350 户，贫困人口 999 人，剩下的都是难啃的"硬骨头"，是贫中之贫、困中之困。杨家山村共有 9 名村干部，有 3 人 60 岁以上，面临退休问题。目前系统锁定的 350 户贫困户，必须分摊到各干部名下，6 名村干部每人对接 20 多户贫困户，少的也要对接 1~5 户贫困户。调查显示，村干部收入少、待遇低，缺乏保障。目前村干部还没有纳入国家干部范围，工资由财政拨，每月 1500 元，其他的都挂钩年终考核，得 90 分拿 90%，得 80 分拿 80%。年终考核中精准扶贫工作占到 70%，如果完不成，就要扣工资。现在村干部没有纳入城市社保体系，买的是农村养老保险，仅 700 多元的基数，难以维持基本生活开支。村干部家里都有地，但由于工作繁重，根本没有时间种地，周末也要坐班，且没有加班费。后备干部工资为每月 2000 元，留不住年轻人。由此可见，杨家山村村干部年龄老化，工作任务重，工资待遇低，同时缺资金、少项目，没有社会资源，如果没有外援和项目支持，脱贫任务非常艰巨。

六 贫困户识别难度大，精准不准

由于机制设计、识别技术和评估工作的滞后，对于贫困户的财产情况很难做出精确的估算，在识别方面仍存在一定的模糊性，主要表现在：一是贫困户有指标限制，扯皮矛盾大，建档立卡指标分配达到 30% 才算贫困村。部分已脱贫的已不属于贫困户，但仍享受贫困户待遇，引起群众不满。二是在精准识别的第三方评估方面缺乏有效的技术支撑，对于农户的收入以及财产状况缺乏一套切实可行的评估体系。三是农村收入渠道的复杂性致使难以准确地估算农民的收入，这也增加了精准管理的难度。四是在农村不规则的社会中，农民对于自身财产和收入状况缺少明确的概念，很少有农民能对自己每年的收入、支出以及现有的财产做出比较精准的计算，这也给精准识别工作带来了较大的困难。五是在对农村贫困人口精准识别过程中，不患寡而患不均的思想，也对确保精准识别的公平性提出了较大的挑战。调查结果表明，从2015年、2016年屯堡乡和杨家山村贫困户审计整改情况来看贫困户的精准识别存在误差。

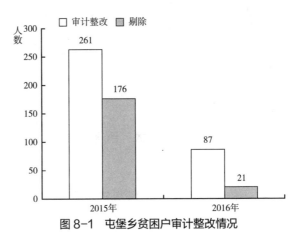

图 8-1　屯堡乡贫困户审计整改情况

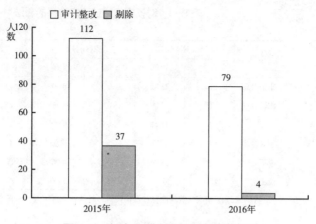

图8-2 杨家山村贫困户审计整改情况

　　关于村民对本村贫困户选择的看法，调查问卷
结果显示，认为"非常合理"的有14户，都是贫困
户，占贫困户的比例为31.82%，占总样本的比例为
23.73%；表示"比较合理"的共有21户，其中贫
困户15户，非贫困户6户，合计占总样本的比例为
35.59%；有5户非贫困户表示"不太合理"，尤其
值得注意的是，有5户贫困户表示"很不合理"；表
示"说不清"的占比为13.56%，其中有4户贫困户
和4户非贫困户。总样本中认为"不太合理"、"很
不合理"和"说不清"的合计占比32.2%，在非贫
困户样本中这一比例高达60%，在贫困户样本中这
一比例为22.72%，也就是说，有近2/3的非贫困户
和超过1/5的贫困户都对贫困户的确定工作感到不满
意（见表8-1）。

表 8-1　对杨家山村贫困户选择的看法

单位：户，%

项目	贫困户		非贫困户		样本	
	户数	比例	户数	比例	户数	比例
非常合理	14	31.82	0	0.00	14	23.73
比较合理	15	34.09	6	40.00	21	35.59
一般	5	11.36	0	0.00	5	8.47
不太合理	1	2.27	5	33.33	6	10.17
很不合理	5	11.36	0	0.00	5	8.47
说不清	4	9.09	4	26.67	8	13.56

资料来源："精准扶贫精准脱贫百村调研"行政村调查问卷——杨家山村。

七　农村的社会保障水平低，城乡差别较大

近年来，国家不断完善社会保障体系，但一直以来农村的社会保障水平大大低于城市的保障水平，尤其是养老和医疗方面。调查结果显示，杨家山村购买养老保险和新农合的比例还是非常高的，都在95%以上（见表8-2）。但从排名第一的致贫原因来看，调查显示，有病未就医的调查户共计32户，占调查总样本的53%，即有一半以上的家庭有病没治疗。其中贫困户有23户，占调查贫困户的50%，非贫困户有9户，占调查非贫困户的56%。调查显示，有病未医治的主要原因还是经济困难。村民均表示医疗费用太高，家庭的经济状况负担不起，因而能不治就不治（见表8-3）。调查结果反映，近年来尽管国家对医疗体制进行了改革，不断完善医疗保障体系，报销比例有所提高，但报销外需自付的医药费用仍在不断增加。

表8-2　杨家山村调查户参加社保情况

单位：户，%

项目	贫困户		非贫困户		样本	
	户数	比例	户数	比例	户数	比例
新农合	44	95.65	16	100.00	60	96.77
职工医保	2	4.35	0	0	2	3.23
商业保险	1	2.17	1	6.25	2	3.23

资料来源："精准扶贫精准脱贫百村调研"调查问卷——杨家山村。

表8-3　杨家山村调查户疾病没治疗的主要原因

单位：户，%

没治疗主要原因	总样本		贫困户		非贫困户	
	户数	占比	户数	占比	户数	占比
经济困难	17	53.13	11	47.83	6	66.67
医院太远	1	3.13	1	4.35		
没有时间						
不重视	1	3.13			1	11.11
小病不用医	1	3.13	1	4.35		
其他	12	37.50	10	43.48	2	22.22

资料来源："精准扶贫精准脱贫百村调研"行政村调查问卷——杨家山村。

　　同时，农村医疗卫生和社会保障相对城市较薄弱，因灾因病因残导致部分群众返贫现象明显。据调查，截至2016年，杨家山村仅有卫生室2家，药店（铺）2家，医生2人，为全村提供妇幼、医疗保健服务，村里没有接生员也没有敬老院，医疗卫生条件恶劣。全村参与新型农村合作医疗家庭1401户，共计5264人，参保率较高，但每年150元的保费对于贫困家庭来说仍是一笔不小的支出。总体来看，落后的医疗卫生条件和较低的家庭收入使得杨家山村村民很难享受到较好的医疗服务，村民在遭遇突发大病或者事故时，因无法负担相应费用或延误治疗时机而陷入贫困甚至再次返贫。

八　农户内生动力不足，对国家扶持依赖度高

随着经济的发展，国家对贫困地区的支持力度越来越大，贫困户、贫困帽子的"含金量"越来越大，受利益的驱使，贫困程度相差不大的农民往往因关系自身利益而互不相让，出现"争贫困"的现象。调查结果显示，针对贫困户的建档立卡、因户施策、动态管理等举措，在无形之中给他们贴上了"贫困"标签，使国家与贫困户之间易产生一种"依赖"关系。具体而言，由政府单一主导的扶贫机制缺乏贫困户参与、贫困户心理等因素催生了"等靠要"现象。据杨家山村村干部估计，抱有"等靠要"思想的贫困人口占到全村总人口的5%。在贫困人口已经享受了扶贫资源的情况下，相当部分贫困人口都抱有"等靠要"思想，对摆脱贫困现状缺乏主动性。这样也使得相关部门对于已经脱贫的人口停止享受扶贫资源等变得特别慎重，有的甚至为了不引发矛盾而不变动扶贫对象。

九　帮扶措施单一，综合施策不足

对于脱贫过程中的帮扶措施，公共服务和社会事业方面主要涉及低保补助、医疗补助、教育补助等，资金帮扶、技术帮扶有限，信息帮扶等方式非常有限。通过调查问卷可以看出，贫困户近些年来得到的主要帮扶措施集中在公共服务和社会事业以及发展生产方面，二者分别占到

54% 和 26%。在所列的帮扶措施中，技能培训、小额贷款为 0，即这些提高劳动者素质和能力以及启动生产能力的措施基本没有采用。在发展生产帮扶措施中，帮扶的产业类型主要在种植业和林果业；支持方式主要采取的是资金扶持，产业化带动扶持作用不大。基础设施建设方面，主要为改善家庭生活条件方面的基础设施建设，如用水、用气和道路等。而对于发展生产方面的基础设施的建设基本没有进展，由此使得扶贫开发缺乏产业支持，制约了精准脱贫工作的可持续性，返贫可能性大大增加（见表 8-4）。

表 8-4　杨家山村调查户接受的帮扶措施类别

单位：户，%

帮扶措施	户数	占比
1. 技能培训	0	0.00
①新成长劳动力职业教育（培训）	0	0.00
②劳动力转移就业培训	0	0.00
③农村实用技能培训	0	0.00
④贫困村致富带头人培训	0	0.00
⑤其他	0	0.00
2. 小额信贷	0	0.00
3. 发展生产	12	26.09
①资金扶持	7	15.22
②产业化带动	0	0.00
③技术支持	1	2.17
④其他	4	8.70
4. 带动就业	2	4.35
5. 易地搬迁	3	6.52
6. 基础设施建设	3	6.52
①自来水入户	1	2.17
②小型水利建设	0	0.00

帮扶措施	户数	占比
③蓄水池（窖）	0	0.00
④电入户	0	0.00
⑤入户路	1	2.17
⑥危房改造	2	4.35
⑦设施农业大棚	0	0.00
⑧牲畜圈舍	0	0.00
⑨基本农田建设改造	0	0.00
⑩沼气	1	2.17
7. 公共服务和社会事业	25	54.35

资料来源："精准扶贫精准脱贫百村调研"行政村调查问卷——杨家山村。

十　扶贫项目不匹配，扶贫措施难奏效

现行的扶贫制度设计存在缺陷，包括扶贫项目，应对措施等指向性不够精准，很难"扶"到点子。在驻村帮扶方面，杨家山村缺主导产业、缺龙头企业、无带动贫困户的机制、缺"五个一批"到户项目。如表 8-5 所示，近年来杨家山村实施的帮扶项目中，发展种养殖业有 1 户，占 0.62%；发展种养殖业、改善基础设施的有 130 户，占 80.75%；发展种养殖业、改善基础设施、实施小水窖工程的有 30 户，占 18.63%。

表 8-5　杨家山村已脱贫农户受扶项目

单位：户，%

受扶项目	户数	占比
发展种养殖业	1	0.62
发展种养殖业、改善基础设施	130	80.75
发展种养殖业、改善基础设施、实施小水窖工程	30	18.63

资料来源：屯堡乡贫困人口精准识别最终锁定花名册（2016 年 9 月 9 日）。

在扶贫项目合理性方面，脱贫计划实施项目等可能出现与实际情况背离，进而引发矛盾。通过调查问卷可以看出，贫困户中，认为"说不清"的占比最高，为41%，其次是认为"比较合理"和"非常合理"的，占比分别为36%和11%，合计达到47%。对于项目选择明显认为"不合理"的占比很低。

在为本户选择的扶贫措施是否合适方面，贫困户中，认为"比较合适"和"非常合适"的占比最高，分别为35%和12%，二者合计达到47%；认为"说不清"的占比为26%；认为"一般"的占比为16%；认为"不合适"的占比明显较低。

此外，社会力量动员不充分，作用发挥不理想。一是驻村帮扶名不副实。为了能如期脱贫，恩施州人大派出了扶贫工作队长期驻村，按规定扶贫工作队队员每月应不少于15天的驻村时间，而且与原来的单位工作不脱钩。首先，驻村帮扶干部需要兼顾工作单位和贫困村两头工作，每个月需在原工作单位和驻村地之间频繁穿梭，这既要付出高昂的帮扶成本，增加了开支，又降低了扶贫的工作效率；同时，帮扶工作也多停留在表面，实际效果不大。其次，干部结对帮扶措施不具体。从扶贫手册上看，部分帮扶干部只是签名、签到，对贫困户未提出具体的帮扶措施；部分帮扶责任人对贫困户走访少、欠沟通，彼此间不熟悉；部分贫困户不知帮扶责任人姓名、单位。最后，驻村帮扶干部的生活补贴等问题未能落实到位。按照恩施州相关文件规定，对于驻村扶贫工作队队员，当地相关部门要保障其生活，但是没有具体落实单位，造成帮扶队少作为、走过场。此外，个别帮扶人员受功利心的影响，将帮扶当作自己升职的机会，只注重表面工作等，这不免对扶贫工作造成负面影响。二是专业合作社没有发挥作用。按照国家扶贫政策，专业合作社脱贫 3 户补偿 3 万元，脱贫 5 户补偿 5 万元。杨家山村的专业合作社共有十几个，还有茶叶加工厂、养猪大户，收入超过 100 万元，但参与扶贫工作的只有 2 个专业合作社和 1 家企业，其他合作社没有参与扶贫，更没有发挥带动或组织作用。引用一位被调查村民的话："因为参与是有风险的，比如养猪大户，崽猪，别人最多 24 元，他 27 元一斤，所以他如果带动，会对他的生意有影响，人都是自私的；如果他要带动，他还要先垫资，提供崽猪给贫困户，养大了卖，再回收成本，猪价没有保障，猪的防疫也有困难，工作难以开展。"三是村里的成功人士（在外面做老板的）几乎没有发挥作用。调查发现，本来村里也给这些"成功人士"安排有帮扶对象，但是他们什么也没做，不是他们不想帮扶，是因为他们到贫困户家里后了解到贫困户"等靠要"思想严重，就不想再帮扶了，等等。

第二节 精准扶贫的经验与启示

　　杨家山村按照"精准识别、精准帮扶、精准管理、精准考核和社会扶贫"的整体要求，在进行入户走访帮扶过程中，为全村贫困户制定切实可行的脱贫计划和措施，让贫困户能够真正按照规划精准脱贫，并顺利通过评估验收。

一 压实责任，细化措施

为落实好"四精一扶"总体要求，杨家山村成立整改工作领导小组，领导带头，明确任务，压实责任，帮扶人员积极配合，按照精准扶贫政策和实事求是原则，逐村逐户开展自查，层层签订责任状，将责任量化，细化到组到户到人。尤其重要的一条就是领导要带头，压实责任，细化到人。

图8-3 杨家山村扶贫工作队责任到人

二 落实政策，规范管理

为打赢脱贫攻坚战，如期全面建成小康社会，中央和省、自治州出台了一系列精准扶持政策，贫困山村应落实落细，规范管理，真正让贫困群众得到实惠。为此，该村重点从两方面入手：一是明确要求，建立台账。对于建档立卡贫困户中存在财政供养人员、村干部、购买商品房或购车等情况的，迅速入户开展调查，生活没有困难的一律退出；对于经商办企业的，根据具体情况分类处理，确属办企业的，退出贫困户，属于村内小商店的说明情况；虽然不符合审计比对条件，但因病、因学等原因支出压力过大、负担过重，造成生活确实困难的，且识别程序到位，经过评议、公示程序无异议的特殊情况作为贫困户予以保留。入户过程中，建立问题台账以及整改台账，明确整改措施、时间和责任人。二是全面核查，限时整改。2014年、2015年已脱贫对象和2016年存量贫困人口进入建档立卡范围时，均通过严格的"农户申请、民主评议、公示公告和逐级审核"程序确定，并有相关工作记录；对于精准扶贫办公室反馈的问题，杨家山村做到逐条整改，详细说明情况；同时对全村精准扶贫建档立卡工作开展"回头看"，对精准扶贫档案等进行全面核查；对精准扶贫工作中存在的信访问题逐一按政策解决到位。

图8-4　杨家山村落实政策情况定期公示

三　产业扶贫，治本增收

杨家山村按"五个一批"要求，结合实际情况，措施到位，跟踪到位。同时，杨家山村积极组织专业合作社参与帮扶，以吸纳就业、免费发放肥料、免费提供种子及能繁母猪等形式，实实在在地为贫困户增收，真正发展壮大集体经济，选准特色产业，增强"造血"功能。

四　规划引领，政策兜底

合理制定精准扶贫精准脱贫规划，使规划引领，政策兜底帮扶。按照"保基本、兜底线、促公平、可持续"的要求，坚持"公开、公平、公正"和"执行最高标准，差额救助"的工作原则，对五保户、低保户、特殊困难户分别采取低保、集中供养、分散供养、大病救助和发放生活补助等方式，通过政策提标，实行政府精准兜底保障，进一步织牢社会保障网。村支两委干部要肩负起这部分困难群体的帮扶责任，确保各项惠民政策落实到人到户。

五　改善基础设施，优化发展硬环境

村支两委始终坚持把水、电、路、通信等基础设施建设作为硬件来抓，不断改善村民生产生活条件。落实国家扶贫政策，实现"村村通"，完成全部入户安装工作，基本实现全覆盖；抢抓新农村建设发展机遇。

六　调动多方贤能，促进社会帮扶

全体动员，参与扶贫攻坚战的党员干部有 59 人，3 个专业合作社，5 家企业，7 个富户/大户，3 名在外人士，涵盖屯堡乡供电所、项目办、交安办等。企业参与帮扶力度大，其中，帮扶能繁母猪 10 头，发放肥料 2.3 吨，解决就业 11 人。

党员干部结对帮扶。搭建党组织、党员干部直接联系服务平台，实施"四个一"结对帮扶机制，发挥精准扶贫精准脱贫主渠道、主阵地作用。共 59 名党员干部帮扶 1105 人，每名党员干部至少结对帮扶 3 户以上贫困户销号，做到不解决问题不退出、不脱贫不脱钩。

第九章

杨家山村精准扶贫精准脱贫的政策建议

杨家山村作为全国集中连片特困山区的贫困村，在实现脱贫攻坚目标和精准扶贫开发探索的道路上，虽还有许多困难和挑战，但只要勇于创新、攻坚克难，按照中央和省、自治州战略布局，科学制定发展规划，坚持以人民为中心，坚持全新的发展理念，必定能走出贫困，创造出更加广阔的发展前景，尤其要注重以创新发展的思路，营造更好的发展环境，为武陵山区特困乡村如期脱贫开辟一条新路子。

第一节　健全精准帮扶机制，完善扶贫治理体系

一　完善机制体系，精准识别精准帮扶

完善机制体系，精准识别精准帮扶，一是科学甄别扶贫对象，增强扶贫精准度。精准识别贫困对象是精准扶贫的前提条件，这就要求识别过程中"真扶贫"与"扶真贫"结合，充分保障基层群众的知情、参与、表达与监督等权利。二是经贫困户自愿申请，召开村民大会进行民主评议，动员全体村民参加，最大限度地避免村民评议不公平现象。民主评议完成后，将识别出来的贫困户名单予以公示，接受群众的监督。三是将所识别出来的贫困户上报上级相关部门进行审核，可以采取资料审核、实地走访等方式，查看贫困人口的真实情况，确保

图9-1　调研组与屯堡乡扶贫办座谈

真正的贫困户得到帮扶。四是设立监督机构，公布监督电话。就确定扶贫对象、扶贫标准和帮扶举措等具体内容，政府、扶贫干部与扶贫对象之间进行反复沟通与协商，以实现政府意愿与百姓认同之间的均衡。

二　加强村级组织建设，充实基层扶贫力量

村级组织是国家各项政策的宣传者，承担着农村经济发展的重任，要确保农村真正脱贫，必须依靠村级组织建设。要使党的精准扶贫政策和各项任务在村级得到真正落实，必须加强村党支部的思想建设、组织建设、队伍建设和制度建设，夯实农村党组织基础，真正使村级党组织成为落实党的扶贫攻坚各项方针政策的组织者、推动者和实践者。

一是加强思想建设，强化理论保障。以多种形式的党建活动为抓手，以建设学习型村级党组织为目标，抓好村支部的思想建设工作，全面提升村干部理论素质、业务水平和领导能力，提高村干部政策理论水平、依法行政依法办事能力，掌握市场经济规律，提高发展经济带领群众致富奔小康的能力和管理服务水平，带动班子建设。二是加强组织建设，强化机制保障。探索实行定权责、定规范、定工作，干事有合理待遇，干好有发展前途，退岗有一定保障；加大投入，量化责任，推行村级事务目标责任制，实行村干部工资与绩效挂钩，根据目标任务完成情况兑现工资；探索解决"职责不清、分工不明"问题，推行村支

书村主任"公职化"管理模式。尝试参照国家公务员管理办法，打破地域身份界限，吸引一批年轻的、有文化、能力强、品德好的优秀党员走上村级领导岗位，最大限度地调动村干部工作积极性。三是加强干部队伍建设，强化素质保障。按照"把群众培养成致富能手，把致富能手中的积极分子培养成党员，把党员中的致富能手培养成村干部，把优秀的村干部培养成村支部书记"的组织工作思路，加强村干部队伍建设。通过加强综合教育培训，加大市场经济理论、农村法律法规和农业实用技术等方面知识培训力度。加强对驻村扶贫干部的教育培养，为他们提供良好的平台，使其能够真正深入一线，为困难群众办实事、办好事、解难事。及时将政治素质高、工作能力强、服务意识强、大专以上文化程度的致富能手、退休复员人员、回乡青年、外出务工经商人员、流动党员选拔到村干部岗位，充实村干部队伍。四是加强民主制度建设和经费保障，强化制度保障。推行村财务公开，把有关重要事项纳入公示内容，提高扶贫工作透明度，保障困难群众的知情权，接受贫困群众监督。强化阵地保障，克服"等靠要"思想，积极采用上级扶持点、企业帮助点、自己筹集点的方式，多方筹措，加大村级民主制度建设力度。强化经费保障，加强经济实体建设。要因地制宜，找准发展村级集体经济的切入点，发展壮大本村集体经济，探索符合自身优势的发展路子和模式，合理开发利用资源，创办经济实体，加速经济积累，加快促进贫困户增收脱贫。

三　完善驻村帮扶机制，科学有效精准帮扶

针对个别驻村干部不作为现象，应构建部门长期包联、干部定期驻村的长效机制，制定和实施驻村干部激励和约束制度，推广第一书记、农民专业合作社、党支部、贫困户、产品加工和市场联动的产业化政府带动模式。强化扶贫责任，突出扶持对象精准、项目安排精准、资金使用精准、措施到户精准、因村派人精准、脱贫成效精准，按照"特殊困难对象实行基本保障、低保贫困对象实行扶持救助、一般贫困对象实行产业扶贫"的分类帮扶要求，通过发展生产脱贫一批、易地扶贫搬迁脱贫一批、生态补偿脱贫一批、发展教育脱贫一批、社会保障兜底一批，在精准施策上出实招、在精准推进上下实功、在精准落地上见实效。严格实施扶贫考核机制，将考核扶贫开发成效作为重要指标。

四　靶向联动个性治理，创新精准帮扶模式

一是建立开放式扶贫治理体系。在发挥政府的主导作用的基础上，充分发挥市场机制决定作用、社会组织协调作用、村内乡贤理事会协商作用和贫困户主体作用，最终形成"五位一体"的扶贫治理体系。二是建立多方统筹扶贫项目、资金安排使用机制。三是抓好扶贫典型试点。创新连片扶贫开发创新试点、生态旅游扶贫整体推进试点等片区扶贫模式，探索现代农业科技示范片区连片开发、生态文化旅游示范片区连片开发等片区综合扶贫模式。四是通过"靶向

疗法"，实施个性化扶贫。对于每个贫困组、贫困户，深入分析其致贫原因，找准着力点，选择有针对性的帮扶方案，综合运用产业扶持、移民搬迁、保障扶贫、公共服务供给等多种手段，充分调动市场、社会等多重力量共同参与扶贫。

五　辨识帮扶主体，建立动态化精准管理模式

精准管理是实现精准扶贫常态化的保证。一是以信息技术为依托做好登记记录，对扶贫对象的基本资料、帮扶情况、帮扶责任人、脱贫时限等信息全部做好登记，做到户有卡、村有册、乡有网，以便为今后开展工作提供依据。二是对贫困人口的动态化管理。对于贫困人口进行实时监测，对贫困对象经济状况的变化要予以登记，一旦贫困对象的生活水平超过扶贫标准，要禁止其享受扶贫资源，对返贫户要及时纳入，对贫困户名单加以调整，确保扶真贫。三是分类管理。对贫困人口的性质和致贫原因进行分类，针对不同类别的贫困对象确定不同类别的帮扶主体，以便在帮扶时采取不同的政策，对症下药，并由村民民主选举村民代表和扶贫工作人员共同管理扶贫信息网络系统，使扶贫网络信息公开化、透明化。

六　关注思想脱贫精神脱贫，从根本上拔掉穷根

精神脱贫是拔掉穷根的症结所在。多年来的扶贫脱贫

实践表明，少数民族贫困地区精准脱贫的难点，除了不可抗的自然条件外，往往在于思想观念的转变和精神层面的变化。要想从根源上解决贫困问题，必须改变贫困者的固有观念，尤其要唤醒脱贫主体，激活脱贫主体发展的内源动力。只有精神脱贫，才能真正拔掉穷根。只有思想脱贫，才能不再返贫。精神上的脱贫和思想上的脱贫是一劳永逸的，是拔掉穷根的根本所在。习近平总书记强调："弱鸟可望先飞，至贫可能先富，但能否实现'先飞'、'先富'，首先要看思想上头脑里有无这种意识，贫困地区完全可能依靠自身的努力、政策、长处、优势在特定领域'先飞'，以弥补贫困带来的劣势。如果扶贫不扶志，扶贫的目的就难以达到，即使一度脱贫，也可能会再度返贫。"

内因是事物发展的根本原因，外因是事物发展的必要条件。贫困和扶贫是孪生姐妹，均非一朝一夕之功。精准扶贫，既要让贫困群众从物质上摆脱贫困的纠缠，也要把贫困群众思富的愿望、致富的内生动力激发出来，引导他们的思想逐渐从"要我脱贫"转变为"我要脱贫"，让他们主动谋求致富的门路、途径，从根本上拔掉穷根。因为精神脱贫可以激发群众自我脱贫的内生动力，这就是"造血"。"输血"不如"造血"，"输血"是暂时的、应急的，"造血"是长久的、根除的。只有"造血"了，精神脱贫了，思想脱贫了，好日子才能长远，才能从根本上真正解决贫困问题。杨家山村要聚焦全村贫困人口，强化脱贫攻坚责任落实、政策措施落实、工作机制落实，积极探索创新扶贫模式，通过产业扶贫、移民搬迁、扶持救助等精准扶贫方式，实现贫困户思想脱贫和精神脱贫，实现脱贫摘帽。

七　重视扶贫人才培养，壮大精准扶贫队伍

一是重视人才引进，完善人才引入优惠政策和补偿机制。在选调驻村干部、扶贫村干部和基层公务员等选聘制度上给予政策优惠和倾斜，以吸引和培养更多高素质人才。二是做好贫困地区发展的人才队伍建设工作，给予民族地区和贫困地区更优惠的人才培养扶持政策，使高素质人才队伍不断发展壮大，留住人才，减少人才流失。除了在招录和选聘扶贫人才中给予优惠政策，还要拓宽高素质人员发展之路，给予适当补助，增强其精准扶贫的内在动力。三是创造条件和营造氛围，鼓励引导农民工、大学生返乡创业，降低返乡创业的门槛，通过税收减免优惠、财政补贴等政策措施，使其为乡村振兴贡献力量。

第二节　发挥资源优势，推动产业扶贫

产业的发展对于一个地区的经济发展至关重要，产

业扶贫是脱贫致富的重中之重，没有产业发展带动，很难脱贫，没有产业支撑的扶贫没有可持续性。产业扶贫的实质就是为贫困地区找到一个适合发展的产业，同时要引进一个有能力拉动这个产业发展的龙头企业，在此基础上，调动金融资源、科技资源和其他资源助推产业发展。

一 着力发展生产，推进特色生态农业发展

发展生产，夯实农业基础，是治本之策的重中之重。一是制定一揽子培训计划，注重贫困户素质技能培训。要从注重贫困户技能素质提升入手，加强系统性和实用型培训。依托国家出台的相关精准扶贫政策，强化推行一揽子培训计划。①雨露计划培训。将有意愿的建档立卡贫困户全部纳入"雨露计划"培训范围，到村、到户或在乡镇和县城所在地举办各种素质技能培训。②农业专业技能培训。将有意愿的建档立卡贫困户列为专业技能型职业农民培训对象。③免费学历教育。对符合条件的建档立卡贫困劳动力，优先选送为"省万名新型职业农民素质提升工程"对象，免费参加省区内农林大学等大中专院校学历教育。④免费实用技术培训。举办贫困户劳动力农业实用技术免费培训，以提升发展生产者的基本素质技能，夯实人力基础。二是选准当地农业特色产品项目进行深度开发。比如利用当地优质茶叶、水果、高山蔬菜等特色农产品生产优势进行深度开发。在此基

础上，开展农业精细化生产，促进精细蔬菜、有机茶叶、特色水果的种植和销售，进一步发展生态经济林、干果、鲜果以及药材等特色产业，增强特色农产品的经济带动作用。调整农业结构，加快特色农产品的生产基地建设，推进特色优势产业集聚升级。控制农田种植中农药化肥的施用，增强耕地土壤肥力。合理开发宜垦耕地，保持本地区特有的山水田园风光。

二　加强技术指导，提升农业产业化水平

坚持做大基地、做强龙头、做活市场，提高农业综合效益和市场竞争力。着眼于农民家家能干的小产业、小产品，在有条件的村组发展"短、平、快"的加工致富项目。着力开发贫困片区不宜规模化生产经营的特色小产业，培育各具特色的"产业村"。扶持培育大型龙头企业，形成集群优势。引导村民参与特色产业发展，培育村里的能人、产业大户和致富典型，激发贫困户脱贫致富的内生动力，示范带动更多贫困户通过发展特色产业逐步走上脱贫致富的道路。探索特色农产品合作社生产模式，创建农产品的深加工产业链，提高农产品的附加值。因地制宜，加强技术指导，不断提高本地特色农产品的附加值，不断拓展市场，进一步延伸特色产业链条，加快建设农产品流通体系和信息化服务体系，为产品销售找好路子，推进优势特色农产品产、加、销一体化经营，走专业化、标准化、规模化之路，吸引周边农户加

入生产，解决就业，增加现金收入，形成可持续的良性循环。

三 扶持龙头企业，深耕特色农产品加工

围绕重点产业，延长产业链条，大力发展农产品加工业，提高产品附加值。把农产品加工业作为农业结构调整的主攻方向，优化农产品加工企业布局，坚持农产品产地初加工和精深加工相结合。按照"一个产业培育一个龙头企业"的要求，充分发挥特色农产品资源优势，发展农产品精深加工业，给予相关优惠政策。培育壮大龙头企业，鼓励龙头企业向优势产区、产业大县集聚，形成一批农产品加工园区和聚集区，通过扶持龙头企业，带动贫困地区调整产业结构，提升产业层次，形成产业优势。以龙头企业为引领，重点发展茶叶、水果等加工产业，大力发展水果、休闲食品等深加工业。

四 引入社会资本，带动当地经济发展

众人拾柴火焰高，筹措八方，发挥特色产业优势，离不开全社会的支持帮助。重视社会资本与本地特色产业的融合，弥补政府财政投入在扶贫产业精准性和覆盖范围方面的不足，通过资本化的特色产业发展，变扶贫财政投入"输血"模式为"造血"模式，带动当地产业结构优化升级，吸收剩余劳动力，消除贫困根源，增强经济发展的活力和后劲。

五 因地制宜，切实发挥生态扶贫优势

基于恩施州民族地区和原生态保护区的特点，从生态护林、生态护山、生态护水、生态护田、生态护农方面，以生态为引领，创新民族地区生态扶贫模式。结合民族地区独特的风俗文化和历史，发展民俗旅游和文化旅游。发挥恩施大峡谷旅游景区的带动作用，开发具有旅游价值的自然生态景观，开发山地特色的景观旅游线路。与周边县市结合，重点开发集生态农业、生态旅游、休闲养生、文化旅游于一体的发展模式。利用各地区旅游文化集聚效应，以旅游业带动第三产业发展。

六 强化品牌发展，助推全产业链条延伸

发展产业是实现脱贫的根本之策，而品牌则是产业的核心。贫困村要努力创"名品牌"。补齐交通不便、基础设施落后的短板，大力发展特色种养殖业，借鉴周边地区的发展经验，成立绿色农产品合作社，推行"合作社＋贫困户"的扶贫模式，强化村企联合，有效增加贫困户农民收入，精心培育知名品牌，改变农村贫困面貌。

强化品牌引领，助推脱贫攻坚。质量兴农、品牌强农是引领贫困地区特色农业高质量发展的必由之路，也是助推脱贫攻坚的有力抓手。充分利用品牌效应，集中打造特色农产品品牌。鼓励龙头企业和合作组织建设农产品标准

化生产基地，配套完善质量安全监测体系，创新营销机制，做好品牌宣传推介，争取国家品牌认证，争创全区和全国知名品牌。

特色产品生产出来后，要卖出去才能创造财富。依托合作社，与企业签订供销协议，由企业明确标准，按照统一生产技术操作规程、统一技术培训、统一价格收购，高标准、全方位打造杨家山村品牌。同时，推广应用新品种、新技术、新机械、新服务"四新"模式，推动种植、加工、销售全产业链发展。产业发展是乡村振兴的关键、是脱贫攻坚的根本，通过积极引导、结构调整、大力培育，杨家山村"有土"产业的发展必将红红火火。发挥品牌农产品在产业扶贫中的作用，培育本土产品品牌，通过全力提高贫困村扶贫产品质量和市场竞争力，强化品牌引领，助力乡村振兴，助推脱贫攻坚，实现产业向高质量发展转变、农民增收向稳定可持续转变。

随着脱贫攻坚战的深入推进，杨家山村要借助资源优势，强力推进品牌强农助困战略，立足村域产业经济的可持续发展，积极推动本村优势特色产业标准化、良种化、规模化、市场化、品牌化，与高校及科研机构合作，整合现有农产品资源，统一策划设计、统一品牌包装、统一市场宣传，启动区域公用品牌特色农产品战略计划，提升杨家山村"天赐原生、富硒臻品"农产品的市场认知度和影响力。围绕乡村振兴和特色产业，立足本地资源禀赋和环境优势，立足品牌兴农，不断唱响一批"乡土"品牌，着力推动产业融合发展，按照全产业链的发展思路，有效帮助贫困户发展品牌农业，增收致富。

第三节 加强基础设施建设，破除发展瓶颈

一 全面推进贫困地区基础设施建设

基础设施是贫困地区发展的基础条件和必备条件。加快破除发展瓶颈制约步伐，全面推进贫困地区基础设施建设。一是政府应继续加强对贫困地区公路、铁路等交通设施的修建改造，扩大全州的交通辐射范围、杜绝村县连通的交通死角，全面提升道路的质量及安全水平，推动生产要素的流动。二是大力推进农村地区饮水安全、节水灌溉、水库水闸除险加固等水利工程的建设，加大对大江大河、重要支流以及中小河流河段水土流失的治理力度。三是加强贫困地区气象灾害防御体系建设，有效提升气象监测、预报、服务能力。四是加快推动农村电网升级改造，进一步提高供电能力与供电质量。五是完善网络宽带通信设施，积极推进农村网络宽带设施建设，扩大互联网的覆盖范围，提高农村信息化水平。在网络宽带通信设施方面，需要缩小城乡差距，普及4G甚至5G网络，推进光纤入户，真正打通电信基础设施"最后一公里"。

二　加快推进重点基础设施建设

（一）加快推进水利电力等基础设施建设

加快交通、水利、电力建设，推动国家铁路网、高速公路网连接贫困地区的重大交通项目建设，提高国道省道技术标准，构建贫困地区外通内连的交通运输通道。一是大幅度增加中央资金投向贫困地区的铁路、公路建设，继续实施车购税等对农村公路建设的专项转移政策，提高贫困地区农村公路建设补助标准，加快完成具备条件的乡镇和建制村通硬化路的建设任务，加强农村公路安全防护和危桥改造，推动一定人口规模的自然村通公路，提高贫困地区交通物流基础设施建设质量和现代化服务水平。二是加强贫困地区重大水利工程、病险水库水闸除险加固、灌区续建配套与节水改造等水利项目建设。实施农村饮水安全巩固提升工程，全面解决贫困人口饮水安全问题。小型农田水利、"五小水利"工程等建设向贫困村倾斜。对贫困地区农村公益性基础设施管理养护给予支持。三是加大对贫困地区抗旱水源建设、中小河流治理、水土流失综合治理力度。加强山洪和地质灾害防治体系建设。大力扶持贫困地区农村水电开发。加强贫困地区农村气象为农服务体系和灾害防御体系建设。加快推进贫困地区农网改造升级，全面提升农网供电能力和供电质量，制定贫困村通动力电规划，提升贫困地区电力普遍服务水平。四是增加贫困地区年度发电指标。提高贫困地区水电工程留存电量比例。加快推进光伏扶贫工程，支持光伏发电设施接入电网运行，发展光伏农业。

（二）加大对集中连片特困山区交通扶贫力度

要加大对集中连片特困山区交通扶贫的力度，及时破解精准扶贫道路上的瓶颈障碍。一是结合贫困地区交通运输发展的实际需要，进一步加强交通基础设施建设，提升运输服务能力和水平，强化安全保障能力和管理养护效能，力争到2020年，贫困地区全面建成"外通内连、通村畅乡、班车到村、安全便捷"的交通运输网络，总体实现"进得来、出得去、行得通、走得畅"。交通扶贫覆盖范围包括集中连片特困地区、国家扶贫开发工作重点县以及以上范围之外的一批革命老区县、少数民族县等。二是统筹规划，促进"点"与"面"、"内"与"外"、"城"与"乡"的交通运输协调发展，推动交通运输基本公共服务向革命老区、民族地区、连片特困地区延伸，明确交通扶贫目标和重点，推动"交通＋特色产业""交通＋电商快递"等扶贫新模式，实现交通发展与自然环境的和谐统一；明确地方政府的责任主体地位，中央和地方合力推进交通扶贫脱贫攻坚。交通扶贫脱贫攻坚将重点实施骨干通道外通内连、农村公路通村畅乡、安全能力显著提升、"交通＋特色产业"扶贫、运输场站改造完善、水运基础条件改善、公路管养效能提高和运输服务保障提升等。三是支持贫困地区建设国家高速公路和普通国道，实现贫困地区国家高速公路主线基本贯通，具备条件的县城通二级及以上公路；力争提前完成托底性的建制村通硬化路的建设任务，解决贫困地区建制村、撤并建制村通硬化路；支持贫困地区资源路、旅游路、产业路的改造建设；支持贫困地区改造建设县级客运站和乡镇客运综合服务站，实现所有乡镇和建制村通客车。"十三五"时期，贫困地区国家高速公路、普通国道、农村公路和县乡公路客运站建设中央投资约 8480 亿元。四是基于贫困地区经济发展水平参差不齐、发展基础差异较大等情况，交通扶贫投资要在国省干线公路、农村公路、农村客运站点等方面因地制宜、精准施策。按照"中央统筹、省负总责、市（地）县抓落实"的要求，全面提升交通运输基本公共服务水平，为贫困地区与全国同步全面建成小康社会提供强有力的交通运输保障。

（三）加快农村危房改造和人居环境整治

一是加快推进贫困地区农村危房改造，统筹开展农房抗震改造，把建档立卡贫困户放在优先位置，提高补助标准，探索采用贷款贴息、建设集体公租房等多种方式，切实保障贫困户基本住房安全。二是加大贫困村生活垃圾处理、污水治理、改厕和村庄绿化美化力度。加大贫困地区传统村落保护力度。继续推进贫困地区农村环境连片整治。三是加大贫困地区以工代赈投入力度，支持山村山水田林路建设和小流域综合治理。财政支持的微小型建设项目，涉及贫困村的，允许按照一事一议方式直接委托村级组织自建自管。以整村推进为平台，加快改善贫困山村生产生活条件，扎实推进美丽宜居乡村建设。

（四）重点支持少数民族特困山区脱贫攻坚

一是扩大集中连片特困山区财政转移支付规模，加快推进民族地区重大基础设施项目和民生工程建设，实施少数民族特困地区和特困群体综合扶贫工程，出台人口较少民族整体脱贫的特殊政策措施。二是改善民族地区特困山区义务教育阶段基本办学条件，加大教育对口支援力度，积极发展符合民族地区实际的职业教育，加强民族地区师资培训和技能培训。三是加强少数民族特色村镇的保护与发展。充分考虑特困山区的特殊需要，集中改善贫困居民生产生活条件，加大专项转移支付力度。四是完善特困片区协调机制，加快实施集中连片特困地区区域发展与脱贫攻坚规划。五是加大中央投入力度，采取特殊扶持政策，推进民族地区集中连片特困山区脱贫攻坚，决战贫困，决胜全面小康。

第四节　加强教育扶贫，增强自我发展能力

在脱贫攻坚进入决战的关键阶段，扶贫重在扶智，扶智重在扶教育。"教育扶贫"是斩断贫困"代际传递"的重要方式，其根本在于"精神扶贫"。它不是简单的对扶助对象的"授之以鱼"，而是"授之以渔"，引导受助者寻找造成贫困的根源，鼓励他们树立改变落后面貌的思

想，提高文化素养，变被动脱贫为主动致富。在这个过程中，教育的"辅助"作用大于脱贫的"扶助"效果。通过教育扶贫来提升劳动者的综合素质，促进贫困人口掌握脱贫致富本领，阻断贫困"代际传递"，消除贫困根源。

一 设立精准教育扶贫专项资金

一是设立教育扶贫专项资金。针对重点贫困地区开展特殊教育惠民、富民工程，面向贫困地区定向招生，为学生提供膳食补助、学费补助，鼓励师范生到农村地区任教支教，全方位增加贫困学子接受教育的机会。二是设立"改薄"建设基金。加大改造农村薄弱学校资金投入，撬动社会投资，建立义务教育标准化学校和普惠性幼儿园。三是设立教育精准扶贫奖补基金。对地处边远山区帮扶贫困村学校或教学点基础设施建设给予奖补，让贫困学生享受到更优质的教育资源。四是建立专项资金责任追究制度。实行"谁使用、谁负责"的终身责任追究机制，对于滞留、截留、挤占、挪用、虚列、套取扶贫专项资金以及疏于管理、影响目标实现的，按照相关规定给予严肃处理，确保教育扶贫资金充分"滋润"贫困地区和贫困学生。

二 完善精准教育扶贫台账

一是完善精准教育扶贫台账，将所有教育扶贫事项纳入台账管理，尤其将建档立卡贫困教育人口底数纳入台账管理，并在每年春秋两季进行学期建档立卡贫困教育人口信息比对，精准定位、动态把握每个建档立卡贫困学生，为精准实施教育扶贫政策、精准投放教育扶贫资金提供依据。二是推行建档立卡贫困学生教育和资助状况年度报告制度，把相关结果作为监测精准教育扶贫成效的重要依据。三是强化管理。依据相关资金管理办法等规范性文件，突出抓好教育扶贫资金监管，并利用上级专项资金公开平台、互联网＋监督系统、扶贫资金动态监控系统进行公开，自觉接受社会监督。同时，定期开展中职免学费、助学金现场核查和其他专项督查，确保教育扶贫资金充分精准、明白有效。

三 提升教育基本公共服务水平

以保障义务教育为核心，发展学前教育；夯实基础，普及高中阶段教育；拓宽通道，加强教师队伍建设；保障质量，完善资助政策体系，避免因贫失学辍学。一是改善贫困地区办学条件。教学设施、师资条件相对较差是导致教育落后的主要原因，要加强教育设施硬件和师资水平软件的办学条件建设，破除恶性循环的死扣。通过加大对贫困地区办学条件的改善力度，补齐校舍、教学设备不足及办学条件差等短板，提高教师的待遇和福利水平，使贫困地区教育扶贫步入良性循环。二是推动各阶段教育全面发展。推进义务教育学校标准化建设，从改善薄弱学校办学条件做起，加快缩小城乡、区域、校际差距，让每一个贫困家庭的适龄儿童都能接受完整的基础教育。三是扩充优质教育资源，推动普通高中教育特色发展。依托职业教育拔除穷根，增强贫困群众致富本领，鼓励贫困地区职业学校与企业联合办学，加强与高等院校交流，实现优势资源共享。四是加强教师队伍建设，提升贫困地区的教师素质。从招录条件政策上适当放宽限制，增加人才引进数量。

四　多渠道加大教育扶贫投入力度

一是发挥政府投入的主体和主导作用，中央相关教育转移支付存量资金优先保障、增量资金更多用于贫困地区教育发展和建档立卡贫困学生受教育的需要。二是发挥金融资金的引导和协同作用，精准对接教育扶贫多元化融资需求。三是集聚教育对口支援力量，建立教育扶贫工作联盟，统筹东西部扶贫协作、对口支援、中央单位定点扶贫、携手奔小康等方面帮扶力量，形成对口帮扶教育脱贫攻坚的合力。四是精准资助。采集建档立卡贫困户学生信息，对贫困户学生资助集"免、奖、助、贷、补"于一体，覆盖从学前教育到大学教育各个阶段，惠及经济困难幼儿入园、困难寄宿生生活补助、高中中职免学费、各级助学金及助学贷款贴息等多类资助项目。财政及时足额配套资助资金，受惠学生全覆盖。为加强贫困村教师队伍建设，财政每年要加大投入，用于农村教师定向委培，用于农民大学生培养计划，竭力培养"田博士""土专家"，产生能人带动脱贫的效果。

五 文化扶贫与教育扶贫相结合

扶贫重在扶志与扶智，而扶志与扶智的关键在于教育，根据"木桶"原理，扶贫攻坚的成效如何往往取决于最短的那块木板。贫困地区教育水平低是脱贫攻坚战中的"短板"，要补齐这个"短板"，就要加大教育扶贫力度，结合文化扶贫的内涵，培养出更多优秀人才，为脱贫攻坚集聚强大力量。

教育扶贫要与文化扶贫相结合，才能取得事半功倍的效果。文化扶贫就是要革除贫困者因贫守旧的贫穷文化，用新的文化价值观念改造旧的、迂腐的文化价值观念，用先进文化充实扶贫内涵，提升贫困群众的精神境界和思想道德素养。一直以来，特困地区都保持着一种封闭式文化，主要表现在不思进取、得过且过、生活懒散、安于现状，以致不敢创新突破、不愿挑战自我，长期的文化禁锢让贫困现象不断蔓延。文化扶贫就是以先进的文化输出来取代贫困文化。文化扶贫要从娃娃抓起，要以校园为基础阵地，在注重知识传播的同时，加强先进文化的交流活动，通过帮助贫困地区贫困者在人生观、价值观、思维方式等方面的改变，逐步从贫困文化向先进文化过渡，在潜移默化中接受先进文化的滋养。

文化扶贫与教育扶贫相结合。一是对成年人进行实用技术培训，建立培训服务基地，对贫困户农民进行农业生产能力的培训，加强互联网思维普及，提高农民对互联网技术的认知水平，特别要开展文化产业、市场营销、旅游开发等方面的培训，使他们能对民族文化进行合理开发、科学传承及创新，培养出高素质、懂科技、能致富的新型农民，推动精准扶贫。二是实施推普脱贫攻坚行动。以多种形式开展少数民族青壮年农民普通话培训，同步加强职业技能培训与普通话推广，解决因语言不通而无法就业创业的问题。

第五节　加大金融扶持力度，创新金融扶贫模式

全力推动贫困地区金融服务到村、到户、到人，努力让每一个符合条件的贫困人口都能够按需求便捷地获得贷款，让每一个需要金融服务的贫困人口都能够便捷地享受到现代化的金融服务，为全面脱贫和建成小康社会目标提供有效的金融支撑。

一　优化金融扶贫政策

要鼓励各类金融服务机构加大对民族地区扶贫工作的支持和服务力度，提升民族地区金融服务水平，特别是对接贫困地区的发展规划、对接特色产业的金融服务需求、对接重点项目和重点地区的金融服务需求。此外，金融服务还要对接发达地区对于贫困地区的项目支持，与社会资本引入形成良性互动，科学合理地促进民族地区的脱贫致富。

二 创新金融精准扶贫模式

构建以政府为引导、市场为着力点、全社会共同推进的"三位一体"的新金融精准扶贫格局。一是建立"政企银"合作平台,与贫困地区政府签订扶贫开发协议,结合当地发展优势建立创收产业,并对该产业提供专业、系统、全面的金融服务。二是进一步完善扶贫贷款贴息政策,加大扶贫贷款贴息支持力度。三是建立贫困农户发展产业的担保基金,全面建立贫困村村级发展互助资金,切实解决贫困农户借款难问题。四是引导新型农业经营主体成为扶贫开发的重要基础,加强监管,让贫困地区的农业全面实现现代化。

三 引导金融机构向农村延伸

充分发挥开发性、政策性、商业性等多种金融机构在金融扶贫中的主体作用。加快培育村镇银行、小额贷款公司、农村资金互助社,消除农村金融"空白点"。鼓励金融机构增加在县、乡的网点配置,加大信贷资金和金融产品的投入,基本消灭基础金融服务空白乡(镇),鼓励和支持扶贫开发工作重点县各金融机构法人和金融机构的分支机构将新增存款主要留在当地使用。积极发展农村保险事业,鼓励保险机构在贫困地区建立基层服务网点,完善农业保险保费补贴政策,针对当地特色主导产业,增加政策性农业保险险种,适当提高财政保险补助比例。

四 推动农村金融产品和服务方式的创新

　　加快农村金融的产品创新和服务创新，要运用现代的金融手段、金融工具、金融政策服务贫困地区的扶贫开发事业。一是在完成"千村互助资金扶贫工程"的基础上，进行整乡、整县推进，扩大互助资金覆盖范围。扩展贫困村村级互助资金投入渠道，切实解决贫困户发展生产借款难问题；积极探索引进金融资本与互助资金叠加的运作机制，增大互助资金使用规模，提高资金使用效益；建立和完善对特别贫困农户的扶持政策，力争使更多的贫困农户得到互助资金项目的扶持；进一步研究和探索村级互助资金安全运行、健康发展的长效机制。二是发展农村青年创业小额贷款、农村妇女小额信贷等多样化的小额信用贷款产品，努力满足贫困地区农户发展生产的资金需求。三是在加强监管和有效防范风险的前提下，引入互联网金融企业和风险投资基金、产业投资基金、私募股权投资基金等进入扶贫开发领域，规范发展民间融资，多渠道增加扶贫资金来源。

五 发展普惠金融，探索互联网金融扶贫

　　互联网具有天然的普惠属性，近年来，互联网金融不断向纵深发展，金融科技在业内的广泛应用大大拓展了普惠金融的实现路径。在技术和政策的驱动下，广大农村地区这一长期以来金融服务相对匮乏的市场正在迎来新的发

展机遇，业内龙头企业纷纷抢滩布局，使得数字普惠金融深耕农村金融、开展金融扶贫成为可能。互联网金融扶贫不仅仅是互联网扶贫中的开网店，通常还涉及金融、供应链管理、营销等一系列专业领域，特别是互联网支付、互联网小额农业贷款、农产品众筹、农业 P2P 产品、互联网涉农保险等模式在扶贫方面能大展身手。

鼓励互联网金融平台下沉到农村市场，充分利用互联网金融的信息优势、成本优势以及在风险控制方面的优势，创新互联网金融产品和服务，一方面，在农业生产环节，覆盖农户从农资采购到农产品种植，再到加工、销售的全产业链金融需求；另一方面，聚焦农村消费生活环节，向农民提供信贷、支付、理财、众筹、保险等全产品链金融服务。推动金融科技公司为农业产业、农村地区和农民群体提供支付、理财、贷款、保险等多方面的金融产品和服务，探索一条数据驱动的金融扶贫之路。

第六节　实施"互联网＋农业"，深化电商扶贫

互联网在打破信息鸿沟、促进资源转化方面发挥着越来越大的作用。互联网技术让农产品实现从"田间"到"餐桌"的全程透明化，让农业公司从中看到广阔的"钱景"。农村电商在农产品领域、农业服务领域、农村服务

领域、农民服务领域都大有作为，如农业产品营销推广、农业生产设备营销推广、农业生产技术信息推广、农产品需求供给信息发布、农业投资需求供给信息发布等，农村山水风光休闲旅游业的营销推广、农村传统手工工艺品的营销推广、农村艺术文化的营销推广、新农村建设设计理念的推广、农村新型产业（面向农村的各种服务业）的营销推广等，农民劳动力需求供给信息发布、面向农民服务（如养老）的供给信息发布等。

一 加强通信基础设施建设，加快光缆入村入户速度

加强通信基础设施建设，加快光缆入村入户速度，打通农村物流"最后一公里"，形成"服务点＋农民专业合作社（企业）＋网店＋物流快递"的新型电商精准扶贫模式，为贫困群众提供在线交易、代购代销、信息服务、物流配送等服务。一是加快建设三大工程，即基础光网提升工程、移动网络覆盖工程和 IPv6 部署工程。例如，提升固定宽带平均可用下载速率、光网覆盖率；新增光纤用户，光纤到户家庭具备接入能力；新建物理站址，新增 4G、5G 基站，新建移动网络室分系统，新增 4G、5G 用户。移动互联网用户普及率 100%。加快 5G 基站规划；加快建设 IPv6 部署工程；力争新入网的固定网络终端、移动网络终端均全面支持 IPv6，完成域网、接入网的 IPv6 改造升级，逐步推进 IPv6 在贫困村经济社会各领域的深度融合应用。二是制定通信基础设施专项规划和年度通信基础设

施计划。包括将通信基础设施专项规划（局房、管线、传输）编制纳入城乡总体规划、电信运营企业年度计划，并按计划加大投资力度，强化网络流量疏通能力。加快实施光纤入户工程，不断提升基础宽带网络覆盖能力。三是深化基础宽带网络建设。不断扩大 4G 覆盖广度和深度，全力消除城乡场所等移动网络盲点，做好贫困地区农村网络全覆盖，实现重点区域及公共场所 4G 网络覆盖率基本达到 100%。着力解决光纤、基站建设"进村难"等问题。加快推广普及远程教育、远程医疗、智慧旅游、智慧乡镇等信息惠民应用，推进网络精准扶贫，助力乡村振兴战略。四是加快物联网应用基础设施建设。开展 LTE 网络端到端 IPv6 业务承载能力建设，推动 LTE 网络、业务及终端全面支持 IPv6。扩容基于 IPv6 的网间互联带宽，实现高效互联互通。五是实施提速降费，将通信基础设施建设纳入市政建设体系，加大公共资源开放力度，持续优化供电保障，有效降低通信基础设施能耗成本。

二 实施"互联网＋"行动计划，发挥农商互联平台优势

利用合作社的集聚效应，打开与电商企业合作发展的新路径。鼓励电商企业以委托生产、订单农业等形式与合作社建立长期稳定的产销关系，逐步建立起独有的农产品品牌，打造山村绿色产品，增强知名度，拓宽销售渠道。同时，依托电商企业在交易信息采集和消费数据分析方面的优势，做好行业发展分析评估，预判消费者购买行为及

市场需求，帮助农民及时掌握市场需求，促进农商互联，发挥平台优势。

（一）发挥"互联网+"优势，推动电商扶贫取得新成效

"互联网+"，即"互联网+传统行业"。它是互联网思维的进一步实践成果，是推动经济形态不断发生演变，进而激发社会经济实体的生命力，为贫困地区脱贫攻坚提供广阔前景的网络平台。尽管"互联网+"是"互联网+各个传统行业"，但并不是两者的简单叠加，而是利用信息通信技术以及互联网平台，让互联网与传统行业进行深度融合，创造出新的发展生态。它代表着一种新的社会形态，发挥互联网在社会资源配置中的优化和集成作用，将互联网的创新成果深度融合于经济、社会各领域之中，提升全社会的创新力和生产力，形成更广泛的以互联网为基础设施和实现工具的经济发展新形态，这正是推动电商扶贫取得新成效的新技术和新机遇。例如，"互联网+农业"是一种生产方式、产业模式与经营手段的创新，通过手段便利化、实时化、物联化、智能化等，对农业的生产、经营、管理、服务等产业链环节产生深远影响，为农业现代化发展提供新动力。以"互联网+农业"为驱动，助力发展智慧农业、精细农业、高效农业、绿色农业，提高农业质量效益和竞争力，实现由传统农业向现代农业转型。"互联网+农业"，不仅为电商拓展了发展空间，开辟了农产品网上销售的巨大市场潜力，为农户及消费者增进了互

联互动，种子是否健康、施肥是否适量、采摘是否科学，消费者通过互联网与农户沟通，质量靠得住的农产品能够得到更快、更广的传播推广，用户安心又放心，农户省时又省力，实现了互利共赢，而且为农户农企创造了重大发展机遇，让农户农企根据销售来组织生产，相当于对产业链全要素进行了重组，让"靠天吃饭"的农户农企最大限度地降低了产品销售风险。同时，互联网的开放、快速、传播特性，将倒逼农企更加注重品牌和特色，挖掘文化内涵，树立农业"百年老店"形象。"互联网＋农业"，还可推动科研院所、行业协会等各方参与，产业链上下联动，实现信息和资源的无缝对接、共融共通，推动电商扶贫取得新成效。

（二）发挥农商互联优势，促进电商扶贫深度融合

双向拓展。农商互联，推动农产品生产流通企业与电商企业全面对接，线上线下深度融合，打造以电子商务企业为主体，上联生产、下联消费的新型农产品供应链，提升农产品流通的信息化、标准化、集约化水平。农商互联，重点针对当前农产品电商发展和农户农产品销售，探索农产品电商发展的系统性解决方案。一是联产品，将各地优质农产品及其生产企业信息搜集汇总起来，帮助电商企业快速、高效地找到优质农产品和可靠的合作伙伴，增加特色优质农产品供给。二是联设施，充分利用线下已有的产地集配中心、冷库、冷藏车等设施设备资源，快速形成农产品冷链物流体系，提高流通基础设施利用率。三是

联标准，着力发展适应电商要求的农产品质量及物流标准体系，鼓励电商企业与生产流通企业制定、应用更高的标准，提高农产品生产流通标准化水平。四是联数据，利用电商平台交易信息建立稳定的农产品产销长效机制，利用数据自动采集技术建设基于农产品冷链流通监控平台、农产品流通信息追溯平台的流通监管追溯体系，提高农产品流通信息化水平。五是联市场，引导和鼓励农产品电商企业与批发市场、连锁超市、社区菜店等经营主体合作，推动线上线下双向拓展市场。

融合创新。一是通过"五联"推动。聚集农产品行业与电商企业交流平台、新技术新模式推广平台、管理部门经验分享平台，推动电商企业与贫困地区新型农业经营主体、农产品加工流通企业合作，探索"互联网+"农产品流通的新型流通模式，减少流通环节，降低流通成本，促进农产品优质优价，推动"互联网+"精准扶贫、富农惠民。二是通过"五化"联动。发挥农业资源优势，以农产品生产流通标准化、农产品流通智慧化、食品农产品品牌化、农产品内外贸一体化、农产品流通冷链化，探索打造农商互联新模式。三是通过产业联盟。以农产品生产加工及流通企业与电子商务企业为主体，推动农产品流通技术服务企业、商协学会、科研院所共同参与，进一步增进农产品行业与电商企业的沟通，形成互利共赢的良好发展生态。四是通过综合信息服务公益性平台上线。统筹农商互联相关企业信息、产品信息，为优质、特色农产品提供展示平台，为农产品上线拓宽渠道，为电商企业匹配产品降低成本，为仓储物流企业提供共享、整合空间，为农商互联各方主体提供互联互通平台。

共享共赢。围绕提升农产品流通现代化水平，拉长农产品流通产业链、提升价值链、创新供应链，努力在农产品流通体系推动贫困地区农产品供应者、流通企业和电商企业间的互联对接，促进农产品商流、物流、信息流、资金流深度融合，打造农产品流通新渠道，推进农产品流通体系升级，拓展优质安全农产品有效供给的新路径。一是促进线上线下农商对接，实施"农产品上行计划"，筹建品牌农产品网上商城及展示展销中心，建立线上线下相融合的品牌农产品营销体系。二是加强渠道建设，推动农产品交易市场电商转型，统筹利用"万村千乡"、邮政、供销和商贸企业现有农村渠道推进"快递下乡"，发展以骨干优势产品为重点、信息化平台为依托的冷链物流体系。三是健全农商对接标准体系，实施出口农产品示范区标准化基地提升三年行动计划，制定"三品一标"农产品相关标准，推进物流标准化试点建设。四是加强农商对接信息数据支撑，组建农业大数据交换管理中心，搭建农商大数据平台，加快重要产品追溯体系示范建设。五是创新农商一体化流通模式，发展农超对接等直采直供模式，支持农产品全产业链流通，实施"智慧便利店进山村"工程。

顺应农业转型升级的现实需要和"互联网＋农业"的时代潮流，为农商密切交流合作提供良好机遇。加快农商"五联"，解决农产品"卖难买贵"难题，减少农产品流通环节，建立产销对接长效机制和有效模式；着力打造农业及食品产业创新（研发）中心、品牌展示交易中心、物流配送中心、检验检测认证中心、食品产业信息发布及大数据中心和食品产业总部基地，构建农商互联合作高端平台，增强电商扶贫成效。

三　加快网络化电商平台建设，推进贫困村农民持续增收

（一）政府主导网络化平台建设，形成规模效应

从履行职能角度讲，政府应出面主导网络化的农村电商平台建设，把渠道市场打通，降低交易成本，形成规模效应。一是助推大型电商和快递企业布局农村市场，鼓励传统的供销、物流等实体企业在贫困地区尝试线上线下融合发展。二是鼓励人才返乡创业，鼓励电商企业在县级服务点进行定期业务培训，为贫困地区当地就业人员建立交流圈子，形成良性互动。促使平安、京东、阿里巴巴、顺丰等全国多家农产品电商、物流、金融企业竞相发展与创新，发挥农产品流通新型主体优势，引领生鲜电商品质升级，制定冷链物流解决方案，打通贫困村等商业"最后一百米"，建立直联田头与餐桌的农产品供应链、服务链等，形成并扩大其规模效应，开辟农商互联广阔的发展空间和前景。

从创造营商环境角度讲，政府应加强统筹引导和政策支持，鼓励电商企业建立"产地仓＋冷链专线"模式，特

别是提高贫困地区农副产品冷链仓储物流设施的集约化建设和利用水平，更好提升生鲜农产品销售效益。政府要加大对贫困县以及贫困村基础设施建设的支持力度，特别是重点支持冷链物流等与农副产品上线息息相关的特色基础设施建设。电商等企业可通过在贫困地区援建农产品产业基地、直采基地、物流基地等形式，减少物流成本。同时，发展电商扶贫，政府要牵头在各乡村镇建立物流集散仓库，避免各大快递公司重复建设，降低成本，真正实现物流公司下乡、电商扶贫进村，提高扶贫成效。

（二）把握电商扶贫新趋势，探索电商精准扶贫新形态

一是紧盯电商精准扶贫，把握电商扶贫新趋势。把电商扶贫纳入贫困山区扶贫开发体系，完善电商服务保障长效机制，制定关于加快电商产业发展的规划等，从资金、信息、技术、服务等方面，对电商扶贫发展提供政策保障。建立电商服务中心、电商服务站、村级电商服务点。各站点普遍使用淘宝、58 同城等平台在线上销售土特产，提供当地土特产展览展示、产品整合、销售信息、技术指导、代运营等服务。二是依托龙头企业，构建网络销售新平台。引导产业化龙头企业和农产品经销商发挥示范引领作用，建设农产品电商平台，推行本地销售特色农产品网上营销；鼓励产业大户通过电商平台及时发布特色农产品等产业动态信息，多渠道宣传本地特色，为贫困群众投资兴业畅通渠道；倡导农民成立专业合作社，在电商平台注

册，实现特色农产品线上线下"双线"销售，把特色产品销往全国。三是注重交流合作，打造便捷高效新物流体系。支持电商与物流快递协同发展，加快快递服务网络建设，推进"快递下乡"工程，完善企业商品配送功能，鼓励物流企业在乡村设立服务网点提供服务，不断提高农村网店物流配送效率，并将触角延伸至暂无条件建成村级物流快递网点的山村，解决贫困村网货配送难题。同时，在电商服务站开设物流包装门店，为特色农产品快递业务开设专门的窗口，以最优惠的价格、最贴心的服务，为电商客户提供"一站式、保姆式"的优质物流服务。四是聚焦人才培养，引领增收致富新路子。全面建立电商人才培训机制，构建以政府部门、社会团体和电商企业为主体的电商扶贫人才培训体系，依托电商服务中心，选派相关人员参加培训，壮大电商扶贫人才队伍。

（三）鼓励电商扶贫进山村，多渠道增加贫困村农民收入

总体上看，我国农产品物流环节损耗较高，部分地区农产品物流成本占总成本的 30%~40%，鲜活农产品物流成本更是占到总成本的 60%，严重掣肘农产品流通，特别是农产品季节性强，运输中更易造成大量损耗。据统计，2017 年电商扶贫覆盖全国 499 个国家级贫困县，今后应继续扩大到所有具备条件的国家级贫困县和贫困村。目前，物流问题仍然是制约农村电商精准扶贫、农民增收的瓶颈。要运用新媒体发展农产品电商并将其作为脱贫增

收、产业培育的重要形式，抢抓国家推动电商发展的重要机遇，以"互联网＋农业"的力量创新扶贫方式，促进贫困村农民增收，推进乡村农产品品牌建设。一是标准先行打品牌。随着越来越多的电商企业加入扶贫队伍，不免会出现恶性竞争，破解的关键是标准化生产。农产品质量参差不齐，会导致网上销售的持续性差，而且难以产生高附加值。为此，要大力培育和发展农业龙头企业，鼓励发展"电商＋龙头企业／农业合作社＋产业＋农户"的产业化经营新模式，使贫困地区能够形成满足市场需求的集约化、现代化农业，鼓励开展农产品特色品牌培育，让好东西真正卖出好价钱。避免农产品陷入电商低价竞争旋涡的关键是要提高农产品附加值，从卖初级农产品的价值链低端中解脱出来。要顺应消费升级需要，打造绿色优质品牌农业。为避免农产品卖了高价、受益的却不是农民的情况，在扶贫产品销售上，要根据市场情况制定透明合理的收购和销售价格标准，保护农民利益。二是建设扶贫利益共同体。如何真正激发脱贫的内生动力，让贫困户既能脱贫又能致富，无论是乡村振兴还是精准扶贫，都应把人力资源开发放在首要位置，加快培育新型农业经营主体。要激发扶贫攻坚的内生动力，企业与贫困户要形成利益共同体，互惠互利，实现真正长久发展。三是探索新方式，开设电视网络扶贫频道。依托生鲜电商特色，在消费者和生产者之间架起一道公开、公平、透明、坚固和充满希望的桥梁，连接广大城市和贫困乡村，为电商扶贫提供全新范本；推行定制农业，在与每个贫困户或者合作社合作时，以"定制"标准来执行，从而提升农产品品质。通过采取媒体等资源整合的营销方式，助推贫困村产品品牌打造、销量扩大、产销对路，让更多优质农产品走出大山，成为贫困村农户持续增收的"幸福果"。

（四）实施"互联网+"农产品出村进城工程，让贫困村农民享受更多发展红利

坚持服务特困山区农民，把发展好维护好农民利益作为"互联网+"农产品出村进城的出发点和落脚点，建立完善的利益分享机制，让特困山区农民享受到更多的发展红利。一是建立市场导向的农产品生产体系。建立健全市场信息反馈机制，精准安排生产经营，生产适销对路的优质特色农产品，加强大数据建设，加强优质特色农产品全产业链的数据检测、分析和应用，推动以数据信息指导生产、引导市场、服务决策。二是加强产地基础设施建设。推动果蔬标准化基地、规模化种养殖场站等基础设施建设，切实提升优质特色农产品的持续供给能力。三是加强农产品物流体系建设，提高农产品包装保鲜技术水平。四是完善农产品网络销售体系，探索创新特色农产品优质优价销售新模式。五是加强网络销售农产品的质量安全监管，依法查处网络销售违法违规行为。六是加强贫困山区农产品品牌建设和农产品标准体系建设，提升优质特色农产品品牌影响力和市场占有率，提高农产品品质。七是加强网络应用技能培训，运用互联网发展新业态新模式，发挥多元市场主体带动作用。

附　录

附录一　相关扶贫政策

附表 1　国家扶贫政策

发文时间	发文单位	政策/会议/措施	要点
1994 年 4 月 15 日	国务院	《国家八七扶贫攻坚计划（1994~2000年）》	1994~2000 年全国扶贫开发工作纲领，提出进一步加强扶贫开发工作的形势与任务、奋斗目标、方针与途径、资金管理使用、政策保障、部门任务、社会动员、国际合作、组织与领导。加强基础设施建设，改变教育文化卫生落后状况，从 1994 年起，再增加 10 亿元以工代赈资金，10 亿元扶贫专项贴息贷款，执行到 2000 年。国家扶贫贷款划归中国农业发展银行统一办理，实施信贷优惠政策、财税优惠政策、经济开发优惠政策
2001 年 6 月 13 日	国务院	《中国农村扶贫开发纲要（2001~2010年）》	尽快解决少数贫困人口温饱问题，改善基本生产生活条件等，逐步改变贫困地区经济、社会、文化的落后状况，为达到小康水平创造条件。按照扶贫基本方针和重点，落实政策保障，增加扶贫资金及贷款，加强管理，定点扶贫，加强海内外团结互助，结合西部大开发推进扶贫工作
2006 年 7 月 13 日	国务院扶贫办、财政部、中国农业银行	《关于深化扶贫贴息贷款管理体制改革的通知》	在总结以往试点经验基础上，经国务院领导同意，国务院扶贫办、财政部、中国农业银行共同决定，对扶贫贷款管理运行体制进行改革，将原由农业银行统一下达指导性计划并组织发放贷款，改为两部分运作：一是到户贷款。将到户贷款贴息资金全部下放到 592 个国家扶贫开发工作重点县，由县选择金融机构发放并与其直接结算贴息。二是产业化扶贫龙头企业和基础设施等项目贷款
2012 年 11 月 8 日	国务院	十八大	推动城乡发展一体化，坚持把国家基础设施建设和社会事业发展重点放在农村，深入推进新农村建设和扶贫开发，全面改善农村生产生活条件；着力促进农民增收，保持农民收入持续较快增长。采取对口支援等多种形式，加大对贫困地区扶持力度。大力促进教育公平，合理配置教育资源，重点向农村、贫困地区倾斜

发文时间	发文单位	政策/会议/措施	要点
2014年5月12日	国务院扶贫开发领导小组办公室、中央农办、民政部、人力资源和社会保障部、国家统计局、共青团中央、中国残联	《建立精准扶贫工作机制实施方案》	提出精准扶贫重点工作,包括建档立卡与信息化建设、建立干部驻村帮扶工作制度、培育扶贫开发品牌项目、提高扶贫工作的精准性和有效性、提高社会力量参与扶贫的精准性和有效性、建立精准扶贫考核机制
2015年6月18日	习近平在贵州召开部分省区市党委主要负责同志座谈会	六个精准	扶贫对象精准、措施到户精准、项目安排精准、资金使用精准、因村派人(第一书记)精准、脱贫成效精准
2015年7月28日	国务院办公厅	《国务院办公厅关于全面实施城乡居民大病保险的意见》	规定了大病保险实施的基本原则和目标,完善大病保险筹资机制,提高大病保险保障水平,加强医疗保障各项制度的衔接,规范大病保险承办服务,严格监督管理,强化组织实施
2015年10月16日	习近平减贫与发展高层论坛	五个一批	发展生产脱贫一批、易地搬迁脱贫一批、生态补偿脱贫一批、发展教育脱贫一批、社会保障兜底一批
2015年11月3日	中国共产党中央委员会	《中共中央关于制定国民经济和社会发展第十三个五年规划的建议》	加快金融体制改革,提高金融服务实体经济效率,扩大民间资本进入银行业,发展普惠金融,着力加强对中小微企业、农村特别是贫困地区的金融服务。推动区域协调发展,增加公共服务供给,实行低保政策和扶贫政策衔接,扩大贫困地区基础设施覆盖面,提高贫困地区基础教育质量和医疗服务水平,提高教育质量,促进就业创业
2016年11月4日	国务院扶贫办、发展改革委、中央网信办等16部门	《关于促进电商精准扶贫的指导意见》	加快实施电商精准扶贫工程,逐步实现对有条件的贫困地区的三重全覆盖:一是对有条件的贫困县实现电子商务进农村综合示范全覆盖;二是对有条件发展电子商务的贫困村实现电商扶贫全覆盖;三是第三方电商平台对有条件的贫困县实现电商扶贫全覆盖。贫困县形成较为完善的电商扶贫行政推进、公共服务、配套政策、网货供应、物流配送、质量标准、产品溯源、人才培养等体系。到2020年在贫困村建设电商扶贫站点6万个以上,约占全国贫困村的50%;扶持电商扶贫示范网店4万家以上;贫困县农村电商年销售额较2016年翻两番以上

发文时间	发文单位	政策/会议/措施	要点
2016年9月17日	国务院办公厅	《国务院办公厅转发〈关于做好农村最低生活保障制度与扶贫开发政策有效衔接的指导意见〉》	全面贯彻党的十八大和十八届三中、四中、五中全会精神，深入贯彻习近平总书记系列重要讲话精神特别是关于扶贫开发重要指示精神，认真落实党中央、国务院决策部署，紧紧围绕"五位一体"总体布局和"四个全面"战略布局，牢固树立创新、协调、绿色、开放、共享的发展理念，坚持精准扶贫精准脱贫基本方略，以制度有效衔接为重点，加强部门协作，完善政策措施，健全工作机制，形成制度合力，充分发挥我国农村低保制度在打赢脱贫攻坚战中的兜底保障作用
2016年11月23日	国务院	《国务院关于印发"十三五"脱贫攻坚规划的通知》	本规划根据《中国农村扶贫开发纲要（2011~2020年）》《中共中央 国务院关于打赢脱贫攻坚战的决定》《中华人民共和国国民经济和社会发展第十三个五年规划纲要》编制，主要阐明"十三五"时期国家脱贫攻坚总体思路、基本目标、主要任务和重大举措，是指导各地脱贫攻坚工作的行动指南，是各有关方面制定相关扶贫专项规划的重要依据。规划范围包括14个集中连片特困地区的片区县、片区外国家扶贫开发工作重点县，以及建档立卡贫困村和建档立卡贫困户
2016年12月2日	人力资源社会保障部、财政部、国务院扶贫开发领导小组办公室	《关于切实做好就业扶贫工作的指导意见》	围绕实现精准对接、促进稳定就业的目标，通过开发岗位、劳务协作、技能培训、就业服务、权益维护等措施，帮助一批未就业贫困劳动力转移就业，帮助一批已就业贫困劳动力稳定就业，帮助一批贫困家庭未升初中、高中毕业生就读技工院校毕业后实现技能就业，带动促进1000万贫困人口脱贫
2016年12月22日	中国残疾人联合会第26部委	《关于印发〈贫困残疾人脱贫攻坚行动计划（2016~2020年）〉的通知》	计划制定了总体目标是到2020年，稳定实现贫困残疾人及其家庭不愁吃、不愁穿，义务教育、基本医疗、住房安全有保障，基本康复服务、家庭无障碍改造覆盖面有效扩大。确保现行标准下建档立卡贫困残疾人如期实现脱贫。还制定了相应重点行动和保障措施
2017年3月13日	财政部、扶贫办、国家发展改革委、国家民委、农业部、林业局	《关于印发〈中央财政专项扶贫资金管理办法〉的通知》	中央财政专项扶贫资金是中央财政通过一般公共预算安排的支持各省以及新疆兵团主要用于精准扶贫、精准脱贫的资金。应当围绕脱贫攻坚的总体目标和要求，统筹整合使用，形成合力，发挥整体效益。中央财政专项扶贫资金的支出方向包括：扶贫发展、以工代赈、少数民族发展、"三西"农业建设、国有贫困农场扶贫、国有贫困林场扶贫

发文时间	发文单位	政策/会议/措施	要点
2017年5月31日	财政部、农业部、国务院扶贫办	《关于做好财政支农资金支持资产收益扶贫工作的通知》	全面贯彻党的十八大和十八届三中、四中、五中、六中全会精神,深入贯彻习近平总书记系列重要讲话精神和治国理政的新思想新理念新战略,统筹推进"五位一体"总体布局和协调推进"四个全面"战略布局,牢固树立和贯彻落实创新、协调、绿色、开放、共享的发展理念,践行精准扶贫、精准脱贫基本方略,以帮助贫困群众增收脱贫为目标,紧密结合产业发展,完善制度建设和风险管控,规范、健康、有序推进资产收益扶贫,为打赢脱贫攻坚战提供有力支撑
2017年6月29日	教育部、财政部	《教育部 财政部关于进一步加强全面改善贫困地区义务教育薄弱学校基本办学条件中期有关工作的通知》	为深入贯彻落实中央打赢脱贫攻坚战总体部署和《教育脱贫攻坚"十三五"规划》要求,切实做好全面改薄中期有关实施工作,确保如期实现全面改薄任务目标,要求各部门完善工程规划、加快实施进度、强化资金落实、加强质量管理、加大公开力度、加强督导检查
2017年8月8日	民政部、财政部、国务院扶贫办	《民政部 财政部 国务院扶贫办关于支持社会工作专业力量参与脱贫攻坚的指导意见》	支持社会工作专业力量参与脱贫攻坚工作,要坚持党政引领、协同推进,坚持以人为本、精准服务,坚持东西协作、广泛参与,坚持群众主体、助人自助
2017年8月16日	人力资源和社会保障部、财政部、国务院扶贫办	《人力资源和社会保障部 财政部 国务院扶贫办关于切实做好社会保险扶贫工作的意见》	明确了社会保险扶贫的目标任务,完善并落实社会保险扶贫政策,减轻贫困人员医疗负担,提高社会保险力度,强化社会保险扶贫的保障措施
2017年8月28日	住房城乡建设部、财政部、国务院扶贫办	《住房城乡建设部 财政部 国务院扶贫办关于加强和完善建档立卡贫困户等重点对象农村危房改造若干问题的通知》	通知规定了危房改造对象认定标准和程序,贫困户"住房安全有保障"的认定标准和程序,减轻深度贫困户负担,加强工作管理,提高农户满意度

发文时间	发文单位	政策/会议/措施	要点
2017 年 9 月 8 日	财政部、国务院扶贫办	《关于印发〈财政专项扶贫资金绩效评价办法〉的通知》	财政专项扶贫资金绩效评价的主要内容包括资金投入、资金拨付、资金监管、资金使用成效等方面的情况。财政专项扶贫资金绩效评价指标依据评价内容设定。省以下财政专项扶贫资金绩效,由各省财政、扶贫部门根据本办法并结合本省实际情况,确定具体评价方式及评价内容
2017 年 10 月 18 日	国务院	十九大	坚决打赢脱贫攻坚战,动员全党全国全社会力量,坚持精准扶贫、精准脱贫,坚持中央统筹、省总责、市县抓落实的工作机制,强化党政一把手负总责的责任制,坚持大扶贫格局,注重扶贫同扶志、扶智相结合,深入实施东西部扶贫协作,重点攻克深度贫困地区脱贫任务,鼓励引导人才向边远贫困地区流动,确保到 2020 年我国现行标准下农村贫困人口实现脱贫,贫困县全部摘帽,解决区域性整体贫困,做到脱真贫、真脱贫
2017 年 11 月	中共中央办公厅、国务院办公厅	《关于支持深度贫困地区脱贫攻坚的实施意见》	新增脱贫攻坚资金、新增脱贫攻坚项目、新增脱贫攻坚举措主要用于深度贫困地区,国家重点支持"三区三州"。加大中央财政投入力度、金融扶贫支持力度、项目布局倾斜力度、易地扶贫搬迁实施力度、生态扶贫支持力度、干部人才支持力度和社会帮扶力度。解决因病致贫、因残致贫,加强兜底保障工作,保障贫困户饮水安全、住房安全,加大教育扶贫力度、就业扶贫力度,加强基础设施建设和土地政策支持
2017 年 11 月 22 日	国务院扶贫开发领导小组	《国务院扶贫开发领导小组关于广泛引导和动员社会组织参与脱贫攻坚的通知》	社会组织参与脱贫攻坚的重点领域包括产业扶贫、教育扶贫、健康扶贫、易地扶贫搬迁,倡导支援扶贫,支持社会组织参与其他扶贫行动。发挥全国性和省级社会组织示范带头作用,创造条件,支持社会组织参与脱贫攻坚
2017 年 12 月 24 日	中共中央办公厅、国务院办公厅	《中共中央办公厅 国务院办公厅印发〈关于加强贫困村驻村工作队选派管理工作的指导意见〉》	为着力解决驻村帮扶中选人不优、管理不严、作风不实、保障不力等问题,更好发挥驻村工作队脱贫攻坚生力军作用,现就加强贫困村驻村工作队选派管理工作提出总体要求,规范人员选派,明确任务,加强管理,加强日常考核和组织保障

发文时间	发文单位	政策/会议/措施	要点
2018年1月	社会科学文献出版社	《中国扶贫开发报告（2017）》	建构了精准扶贫政策分析框架，全面总结和分析了2013年以来中国精准扶贫的实践和成效，讨论和分析了中国脱贫攻坚面临的挑战，并提出了打赢脱贫攻坚战的政策建议
2018年1月18日	国家发展改革委、国家林业局、财政部、水利部、农业部、国务院扶贫办	《关于印发〈生态扶贫工作方案〉的通知》	把生态扶贫工作作为重点工作进行部署安排，进一步细化落实《生态扶贫工作方案》各项工作，逐项明确责任单位、责任人、时间进度，切实加大对贫困地区、贫困人口的支持力度，推动贫困地区扶贫开发与生态保护相协调、脱贫致富与可持续发展相促进，使贫困人口从生态保护与修复中得到更多实惠，实现脱贫攻坚与生态文明建设"双赢"

附表2　湖北省有关扶贫政策

发文时间	发文单位	文件号	政策名称	政策要点
2004年8月9日	湖北省人民政府办公厅	鄂政办发〔2004〕117号	《湖北省财政扶贫资金管理办法》	进一步规范财政扶贫资金管理，提高资金使用效益，包括资金筹措、资金使用、资金分配与管理、项目管理、资金的监督检查和奖惩
2006年11月6日	湖北省扶贫办	鄂政扶发〔2006〕43号	《关于印发〈湖北省扶贫系统雨露计划实施年度考核（试行）办法〉和〈湖北省雨露计划培训基地年度考核（试行）办法〉的通知》	认真贯彻落实全省扶贫开发工作会议关于"大力实施雨露计划"的精神，考核内容包括雨露计划年度任务完成情况、学员台账规范化管理、培训教学管理、补助资金与收费管理、就业维权跟踪服务
2007年6月21日	湖北省人民政府扶贫开发办公室	鄂政扶发〔2007〕60号	《湖北省扶贫到户贴息贷款项目管理试行办法》	贷款期限由金融机构确定，在贴息期内按年5%贴息率贴息，贴息方式根据各地实际情况由县（市）扶贫办、财政局共同确定，扶贫到户贷款项目实行公告公示制，贴息资金实行县级报账制管理，项目实行监测管理

发文时间	发文单位	文件号	政策名称	政策要点
2009年5月11日	湖北省委、湖北省人民政府	鄂发〔2009〕8号	《中共湖北省委 湖北省人民政府关于进一步加强扶贫开发工作的决定》	强力实施整村推进，推进社会主义新农村建设；大力实施产业化扶贫，培植新的经济增长点；稳步实施"雨露计划"，提高贫困群众自我发展能力；继续实施扶贫搬迁，推进老区贫困地区可持续发展；着力实施科技扶贫，为老区贫困地区发展提供人才支持；努力推进社会扶贫，形成大扶贫格局；开展脱贫奔小康试点，整县推进扶贫开发。政策措施包括增加扶贫资金投入、加大信贷扶贫力度、提高扶贫项目建设补助标准、加强公共服务设施建设、切实加强老区建设、加大插花贫困地区扶贫力度
2009年11月25日	湖北省人民代表大会常务委员会	湖北省人民代表大会常务委员会公告（第105号）	《湖北省农村扶贫条例》	促进和规范农村扶贫工作，加快贫困地区经济、社会、文化、生态建设，提高贫困地区人民生活水平，缩小城乡和区域发展差距，促进经济社会全面、协调、可持续发展，明确政府责任与社会参与、扶贫内容与主要途径、扶贫项目与资金管理、法律责任
2011年8月8日	湖北省人民政府	鄂〔2011〕23号	《湖北省农村扶贫开发纲要（2011~2020年）》	主要任务包括：基本农田和小型水利建设、特色优势支柱产业、农村饮水安全、生产生活用电、公路交通建设、农村危房改造、统筹城乡就业、教育均衡发展、公共卫生服务、公共文化服务、社会保障和扶贫开发重点工作
2011年11月7日	湖北省扶贫办	财农〔2011〕412号	《财政专项扶贫资金管理办法》	加强财政专项扶贫资金管理，提高资金使用效益，包括资金预算与分配、资金使用与拨付、资金管理与监督

发文时间	发文单位	文件号	政策名称	政策要点
2012 年 3 月 5 日	湖北省扶贫办		《湖北省农村扶贫开发"十二五"规划》	"十二五"时期，努力实施好八项重点扶贫工程，加快推进湖北大别山革命老区经济社会发展试验区建设，着力推进湖北武陵山少数民族经济社会发展试验区建设，积极推进秦巴山竹房城镇带城乡一体化试验区建设，稳步推进幕阜山区库区综合开发，继续推进脱贫奔小康试点，强力推进县乡连片开发扶贫综合项目区建设，精心实施新一轮整村推进，深入推进扶贫到户
			《湖北省精准扶贫政策简要读本》	内容为扶贫对象识别标准和程序、脱贫攻坚机制保障政策、主要扶持政策、扶贫对象退出标准和程序。其中主要扶贫政策包括产业扶贫、培训转移、易地扶贫搬迁、生态脱贫、教育扶贫、健康扶贫、低保兜底、资产收益扶贫、交通运输、水利电力、"互联网 +"扶贫、危房改造、国土政策、基层党组织建设、财政扶贫投入和加大金融扶贫力度

附表 3　恩施市 2019 年出列村公示名单

乡（镇、办事处）	村			
芭蕉侗族乡	二凤岩村	黄连溪村	黄泥塘村	
白果乡	见天坝村	瓦场坝村	油竹坪村	
白杨坪镇	朝阳坡村	董家店村		
板桥镇	穿洞村			
崔家坝镇	刘家河村	茅田坪村	水滴村	
红土乡	稻池村	漆树坪村	石灰窑村	天落水村
大峡谷风景区管理处	前山村			
三岔镇	苗坝村	燕子坝村		
沙地乡	柳池村	麦淌村		
盛家坝乡	大集场村	龙洞河村	椛杆堡村	
太阳河乡	茶山河村	金峰山村	茅湖淌村	
屯堡乡	黄草坡村	坎家村	田凤坪村	杨家山村
新塘乡	河溪村	横栏村	下塘坝村	

附录二　访谈记录

访谈对象：杨家山村村副主任黄远佐

访谈时间：2016 年 12 月 16 日

访谈的基本内容：

杨家山村村委会 9 个人，村书记兼村主任（专职，不驻村，主要分管党务）、副书记、支部委员（2 人，组织、宣传）、妇女委员、计生专干、综治专干、村委委员、后备干部。被采访人主要负责主持村委会工作，主管土地、林业等，2011 年返乡进入村委会工作，2014 年任村副主任。

集体财产：村委会，几间门面房，5000 多亩公益林（山林），林地 25057.5 亩，农户私人拥有林地近 20000 亩（有人多、有人少，不是平均），集体拥有林地 5000 多亩［林地上的木材只能自用，不能出售，是防护林，砍伐需要登记，最多砍伐 15 棵。国家支付管护费，一年一亩 12.75 元（生态补偿）］，林地基本上是没有收益的。村里没有商业用地（有也是私人自己的，私人老板开发改变土地使用性质然后建房，办手续需要很多费用）。荒地 7000 多亩，划到老百姓名下，不是给集体的。在荒地上植树，也不可以卖。之前，曾经有种果树，但遇到虫灾没有成功，放弃了，荒地基本上是没有收益的。

杨家山村 2012 年由 5 个小村合并而成，1475 户 5360 人，11 个村民小组。贫困户 526 户 1646 人。2014 年脱贫 114 户 435 人，2015 年脱贫 47 户 174 人，2016 年预脱贫 25 户 77 人（12 月 1~5 日，驻村工作队和结对帮扶干部入户评估测算，这 25 户人均收入都超过 3255 元；12 月 8 日，乡政府专班复查，再次核算，确认可以脱贫。还要接受市、州验收）。

2018 年整村脱贫，根据"五个一批"制定相应措施：发展产业、易地搬迁（57 户 179 人）、生态补偿、教育扶持、民政保障（政策兜底）。

产业发展：茶园 4827 亩，油茶 3200 亩。茶叶平均一亩 1000 元，生猪出栏 1000 头。有 1 家企业（茶厂），10 多个专业合作社（药材银杏、生猪养殖），占地面积 15.8 平方公里。但参与精准扶贫的企业和专业合作社各 1 个。茶厂为农户免费提供茶苗；金杏药材药业合作社在 2015 年国家第三次退耕还林时，为村里垫资提供 1030 亩银杏种苗。1 个专业合作社——全发养殖种植发展有限公司，计划加入基准扶贫，于 2017 年为贫困户（10 户）提供崽猪和饲料。

易地搬迁：易地搬迁（国家给全乡拨款 1000 多万元）项目分 3 个年度实施，2016 年完成 4 户 10 人，次年计划实施 19 户，其余的 34 户到 2018 年全面实施（每年乡里有指标，2016 年给了 2 个指标）。盖房子的先由施工队垫付。每户给 10 万元左右，整个村全面实施需 600 万元。

易地搬迁的标准涉及交通不便的地方、没有产业发展的地方、环保不达标的地方、库区移民没有土地四个条件。28 个村民代表层层筛选通过，公示后无异议。

易地搬迁的方式：分散安置，自己找地方；集中安置，政府征地；有些农户愿意搬，有些不愿意搬，不愿意搬是因为离自己的土地远。搬迁中有矛盾，原来给农户的是农业补贴，现在是耕地地力保护（耕地不能荒废，必须要耕种，但是靠种地不可能脱贫），所以，一方面发展产业（482户产业脱贫），另一方面也要鼓励务工（务工收入高，3万元）。易地搬迁，搬出来了就可以出去打工，5%的人"等靠要"思想严重（等政策、靠国家、要待遇），不想办法发展，多数是低保户（一年一家5000~6000元，生活开支小，所以，不愿意出去打工），对这些人没办法，但以后还要加以监督。

问：您认为目前在精准扶贫脱贫中存在哪些问题和建议？

村副主任：主要存在四个方面的突出问题。第一个问题是精准帮扶资金缺乏。我们村有3个驻村工作队（供电所、安全生产办公室、扶贫办），别的村大多都有市里州里的领导，而我们村没有。在外工作的一些党员干部也为我们村做了一些工作，例如，开展"两学一做""不忘初心、永跟党走"主题活动等，但是我们村在外面当领导的，没有给我们村介绍资源。现在让我们个人帮扶，我们没有资金，只能给予精神上的帮扶。有了资金，我们可以发展产业。目前，虽然有扶贫贷款，但扶贫贷款针对贫困户，很难贷到款（比如要实地考察，你要养牛，就要先有牛，然后银行去考察，这还是要先有本钱来买牛）。即使村民急需启动资金，也很难贷到。比如，村民周圣英，有10多头牛，在农信社申请5万元贷款，但是只批了3万元。国家制定的政策都很好，但没有考虑到各机构能否实施。

因此建议村委会介入，村委会认为农户有前途的，银行就给予贷款，但村委会不能作为担保人。如1号钱庄，大掌柜担保，利率太高，1万元一个月190元的利息，一年要2000多元利息等。第二个问题是结对帮扶干部（主要指本村干部）任务过重。一个干部对接1~5户贫困户，我一个人对接20户贫困户，我们有6个人要对接20多户。系统锁定300多户，必须分摊到每个干部名下。我们村干部一个月报酬1500元，其他的都挂钩年终考核，得90分拿90%，得80分拿80%。我一个人工作已经很繁重，还要入户完善资料，贫困户居住又很分散。我一个人负责那么多户，怎么扶？如果完不成，就要扣工资。年终考核中，精准扶贫工作占到70%，工作职责任务太繁重了。最近忙着收合作医疗和养老保险费用，一次交1000多元，对农民来说，负担也很重，现在连生活都没保障，哪有资金去保障未来。年满16周岁不再上学的人每年交100~2000元的农村养老保险（选择性的，交得多，拿得多），农民有压力。举个例子：我手里这个条子，这个农民交了1000元农保，一个多月了，现在还没有付款。又如，我们村干部的现状也存在许多无奈：班子里60岁以上3人（62岁、62岁、63岁），为什么没退休？因为养老问题没有解决。我们现在社保也没有，给我们买的是农村养老保险，仅700多元的基数，村干部还没有纳入国家干部范围，我们的工资实际都是财政拨的。我们都有地，但是谁有时间种地，周末都要坐班，也没有加班费。年轻人也不想干，后备干部一个月2000元，还不如在外面打工。第三个问题是专业合作社的作用发挥不出来。国家的政策是专业合作社脱贫 3 户补偿 3 万元，脱贫 5 户补偿 5 万元，我们村现在的十几个合作社中只有 2 个和另外 1 家企业能参加。我们有茶叶加工厂、养猪大户，收入超过 100 万元，但都没有参与扶贫，没有发挥带动或组织作用，主要是因为参与是有风险的，比如养猪大户，崽猪最多每斤 24 元，而他每斤 27 元，所以他如果带动，会对他的生意有影响；如果他要带动，还要先垫资，提供崽猪给贫困户，养大了卖，再回收成本，猪价没有保障，猪的防疫也有困难，等等，确实感到许多工作都难以开展，比如有风险很难化解、合作意识差自私排他、产业化不到位，当然这个花枝山村做到了，我们没有做到，因为工厂用地问题得不到解决，茶叶的规范化管理水平达不到，茶叶质量没保障。本村收的价格比外地低，外地生意在当地受到排挤。第四个问题是村里的成功人士（在外做老板的）也没有发挥好作用，本来也给他们安排有帮扶对家，但他们什么也没做，不是他们不想帮扶，而是因为他们到贫困户家里后，觉得贫困户懒，就不想帮扶了，可以说存在"等靠要"思想的贫困人口占到总人口的 5%，这个难题也没有很好的解决办法。

访谈对象：花枝山村村支书刘德清

访谈时间：2016 年 12 月 15 日

访谈的基本内容：

花枝山村户籍人口 1015 人 317 户；实际居住 995 人 287 户；2013 年建卡贫困户 213 户；2016 年有 79 户（215 人）贫困户，包括政策兜底 18 户；2016 年预脱贫 8 户（25 人）。人均收入 7400 元 / 年，包括打工收入、产业收入等，市里要求 8000 元，还没有达到市里要求。本村以汉族为主，少数民族（土家族）占 20%。在外打工 200 人左右，大多在恩施务工，在省外的有 30 多人。全村 198 辆车（包括摩托车、三轮车）。

村支部一共 5 个人，集体干部 3 人，还有 1 个第一书记（兼职）和 1 个大学生村官。村干部的待遇：书记主任每年 4 万多元，其他干部 3 万元。

花枝山村计划 2017 年 79 户全部脱贫（包括预脱贫 8 户，不包括政策兜底），30 户易地扶贫搬迁（2016 年已搬迁 5 户，2017 年预计建完 25 户）。

截至访谈时花枝山村采取的扶贫措施：

目前实施的基础设施建设包括：12 公里村级公路，2016 年已经硬化 7 公里，改扩建 5 公里（访谈时正在继续中），预计 2017 年 12 公里水泥路全部完工。预算资金接近 700 万元（一部分是交通部门的配套资金，一部分是国家配套资金 50 万元）。

对贫困户居住条件的改善：2016 年已经完成 10% 的贫困户住所统一改造。

茶叶产业：全村 1493 亩耕地完全种植茶叶，老百姓全年收入都靠茶叶——龙井 43 号。建立了有机茶示范基地，面积达 300 多亩，由花枝山村有机茶专业合作社全面负责，包括技术指导、提供肥料。该有机茶专业合作社属于民营企业，是国家级示范专业合作社。这个合作社负责扶贫 23 户，为每户贫困户提供 1~2 亩免费的肥料，对收购的茶叶每斤在市场价格的基础上另外再加 5 毛钱，年终统一结算。

　　建立生态有机茶观光园，访谈时已经建成 2/3，围绕有机茶园修建 1.5 米宽 2400 多米长的水泥路，政府投资 100 万元。2015 年拿到"国家第二批旅游扶贫重点村"中央专项资金 500 万元。

　　全村人均耕地（茶园）1.1 亩，2005~2008 年，1 亩良田收入 1 万多元，普通田收入 6000 多元，现在良田收入 6000~8000 元，普通田收入 3000~5000 元（带肥料的有机茶每亩收入 480 元，普通的每亩收入 380 元）。茶叶盈利率 20% 左右。

　　茶叶产业扶贫占到产业扶贫的 80%，打工扶贫和旅游扶贫几乎没有。

　　基础设施：建立生态停车场需要 200 多万元，从国家的 500 万元中拿出 80 万元。还配套当地的资金。

　　林业发展：林场主要是松木和杉木，面积 3752 亩，享受国家公益林补偿 4 万多元，基本上林场是没有收入的。考虑进行林场招商引资，建立休闲养生场所。

　　对在外务工人员的扶贫：在外地的户籍人口也要考

虑到。A 在外地，把茶园交给专业合作社，专业合作社再交给另一个社员，专业合作社免费提供肥料，不让茶园荒废。

精准扶贫中的困难如下。

贫困户标准制定有问题，例如一户三口人，一个女儿嫁到浙江，老两口儿修三层房子，60 多岁，男方在建筑队，工作时买了 3 万多元的养老保险，一个月 1200 元，女方买了 5 万多元的保险，一个月 500 元，一年就是 2 万多元的收入，不属于扶贫对象，无法享受政策扶贫，但实际上该户生活十分困难。

扶贫难度最大的是对残疾人、智障人的帮扶。农村因病返贫的很多（例如，一户户主脚不能行走，一年要做两次化疗需要 1 万多元；另一户户主患有慢性病，每年两次化疗需要 2 万元）。

贷款融资方面，向驻村的农商银行申请金融超市，要求 2017 年办好（调研老师提出，为了使银行业务覆盖农村，农村要发展产业）。

旅游发展：旅游和产业要同时发展。联合其他村一起发展旅游，成规模才能实现盈利。但是现在配套基础设施还没有建好（目前的基础设施包括水、电、路和网络），招商引资有困难。与新街村联合开发旅游资源，建设"桃花岛"、生态停车场，但是环保部门不签字。打算建立恩施第二个枫香坡（在茶园里面吃饭）。游客主要来自恩施州。

脱贫的可持续性差，为保证脱贫不返贫，需要高规格管理脱贫户的茶园种植，基本上每户都有茶厂的股份，没有茶厂的去油厂工作（茶籽油）。用扶贫贷款养猪、牛等。

访谈对象：马者村第一书记崔显德48

访谈时间：2016 年 12 月 16 日

访谈的基本内容：

受访者是第一书记（1987 年到马者村做技术员，2002年任主任，2014 年任第一书记），村干部 10 人，其中 1人为大学生村官。

全村共有 16 个村民组，1576 户 5786 人，占地 33.3平方公里，耕地面积 8100 亩，山林面积 9500 亩，茶园基地 5900 亩（有的是耕地面积，有的是退耕还林面积），村集体茶园 1500 亩。800 亩花园（花海），800 亩果园（小水果、猕猴桃、葡萄、野生小水果），2850 亩干果（核桃）。大小茶叶加工厂 19 家。村集体经济收入为每年 22万元，主要来自茶叶种植与销售收入。2016 年有 5 家企业入驻，涉及葡萄、蓝莓、绞股蓝、猕猴桃、野生小水果（八月瓜）。租用老百姓土地，自己种植销售，例如，绞股蓝企业是屯堡乡的一个老板投资的，面积 100 亩，投资金额 100 万~200 万元。

目前有 11 家微商，主要销售茶叶、土特产（山胡椒、扣肉）。

2014 年整村脱贫。全村贫困户共计 356 户 1015 人。2014 年脱贫 138 户 416 人，2015 年脱贫 37 户 113 人，2016 年预脱贫 61 户 195 人。

全村落实"五个一批"情况：发展生产 262 户 780 人，易地搬迁 40 户 83 人，生态补偿 18 户 46 人，发展教育 10户 10 人，社会保障政策兜底 42 户 126 人。

精准扶贫工作：

因病致贫方面，2015年村委会组织为一个得白血病的村民筹资，企业捐款接近3万元，市委团委也响应号召；2016年村委会组织号召为一个得肺气肿的村民筹资，企业捐款4万元。实践表明，可以通过村委会以组织村民、号召企业的形式帮助因病致贫和因灾致贫的贫困户改变贫困面貌。

旅游扶贫方面，在旅游公路（大峡谷）沿线卖旅游产品，以卖茶叶为主，户均收入每年5万元。

基础设施方面，这几年投入特别多。2016年改扩建公路8.5公里，投入1500万元左右（2016年和2017年）。因为有花海，所以政府才投资这些钱。

易地搬迁方面，这种扶贫方式不能持续，需要与发展产业相结合。易地扶贫搬迁的农户一般智力有问题，无法打工经商，如果不发展产业，挣不到钱，永远也无法脱贫。

水投资方面，2000万元（政府投资1000万元左右，老百姓投工投劳）。

医疗方面，因病返贫情况多。村书记认为群众对医疗条件要求过高，能够在乡镇和县级医院治疗的疾病，村民一定要去州省医院看病，最后花光了所有积蓄。

脱贫路径

大力发展相关产业。例如，原来沙龙片区（组）贫困户特别多，45户贫困户，2015年通过招商引资办花海，所有农户的土地流转承包。因为种玉米、水稻利润很低，所以农民愿意流转承包土地。每亩地租金300~400元。没有工作的村民可以去花海打工，一个月工资1500元。2016年这个组全部脱贫。

全村共有19家茶厂，村民种的茶都卖给茶厂，大概12家茶厂享受精准扶贫贷款政策（贴息贷款），这样收购贫困户的茶叶平均每斤高达1~2元。一亩地可以产100~200斤茶叶，一斤均价100元左右，一亩地收入3500元左右。

"三权分置"所有权、承包权、使用权。租农民地的时候，村干部对农户做了很多工作。利用群众发动群众的方式工作。

村委会行政工作。村委会利用微信群发布重要的工作通知。计划把全村年轻人拉入微信群。村集体收入主要用于补充办公经费的不足、支付村民小组组长的工资（每人每年1500元左右）、投资基础设施建设（饮水、沟渠、公路）等。

精准扶贫存在的问题

软件太多，形式主义太多。例如，"村级'五有'，群众档案袋'四有'，驻村工作队'六有'"。

精准扶贫管理层的人员太多，基层的人员太少。一个人扶贫户数太多。资金帮扶、技术帮扶有限，信息帮扶有限。

政府在扶贫工作方面揽的职责太多，养了一批懒汉。

村集体干部的工资太低（村里人多，相当于专职干部），一年3万元（书记6万元）。没有车补、话补，后备干部缺乏。

生产发展中，国家投入的钱没有发挥作用，投入的产业方向不对。有的村没有产业。引来外商后租地也不好租，村民的工作难做。首先要发动群众（给他算账，划算），有些人收入高，也不同意（良心坏），就重新选地。全乡4万多亩茶叶（30多家），加工厂集中在我们村的占60%（19家），要有村委会招商引资，不欺诈外商。

精准扶贫精准识别难度大：穷人穿得比富人好。精准的标准：收入（但有些农户没有把钱存入银行）。生活生产环境方面，如一个小组有20户人家的饮水和公路设施需要1500万元，划不来，所以搬迁；另一个小组公路、水都通了，利用精准扶贫资金修通公路，这样就不需要搬迁；易地搬迁选地很重要。

易地搬迁的政策不合理。每人计25平方米，一家两口儿50平方米，一个客厅15平方米，卫生间、厨房10多平方米，还要一个卧室，来客人没地方住。易地搬迁应该采用"以奖代补"的方式，改造原先的危房。农户修，按照自己的要求、质量标准，政府统揽修容易出现偷工减料现象。政府不要包揽一切。政府维修每平方米成本为800元，农户维修每平方米成本为500元。政府修的话，有税收（又能增加政府的财政收入）、管理费用、承包利润支撑。如果产业发展起来了，今后就只有因病返贫、因灾返贫。脱贫以后，政府职能要调整，负责因病因灾，其他的不要管了。脱贫以后，产业发展起来了，就按市场规则办事。如果市场前景不好，有些企业会倒闭，所以要选对产业。恩施包括屯堡的茶叶产业不能再扩张，只能升级。为什么我们现在 5 家企业的面积都限制在 100 亩？如果猕猴桃产业发展得好，在这里建个酒厂，老百姓以这 100 亩为样本种植猕猴桃，然后卖给这个企业。蓝莓面积 100 亩，如果发展不好，影响也不会很大。

有 7 个茶叶合作社，收农户的茶叶时价格会稍微高一些，因为合作社没有收购成本，农户没有路途成本。还有 2 个养殖合作社（养羊、养牛）。

针对核桃没有合作社，还没有投产，为此，政府号召企业，政府出苗钱，农民在自己的地上种，产品属于农户，投产以后成立合作社。村委会建议，政府在这个过程中起引导作用。

访谈对象：新街村村委会副主任黄浩民（主要负责精准扶贫）

访谈时间：2016 年 12 月 16 日

访谈的基本内容：

新街村海拔 600~800 米，占地面积 13.8 平方公里。全村有 2529 人（户籍人口）；少数民族中土家族人口最多、苗族人口略少，少数民族人口占比接近 40%；有 712 户，其中贫困户 285 户 895 人。全村 7 个村民小组。村委会共 6 人，支部（3 名）和村委（3 名），1 名村主任，1 名后备干部。

产业发展：以前是粮食，现在是茶叶和油茶。茶叶产业已经发展成熟，面积 2200 亩，油茶面积 2000 亩。一亩成熟的茶园一年收入两三千元，最高的收入五六千元。冬季管理（剪枝、除草、施肥、防虫），春季采摘（重点），7~15 天间隔一拨。一亩茶年均产量 60~80 斤（春茶贵、轻；后面的叶子大、重、便宜）。

基础设施：全村小组都通公路，极少数没有硬化。2014 年硬化约 3 公里，2015 年硬化约 2 公里，2016 年硬化 10 多公里。全村公路长 24 公里，已经硬化了 10 多公里。

四个帮扶单位：国土局、招商局、粮食局、铁办。

国土局有一个面积 3000 亩的整治项目，解决了基础设施（路）的问题。

2015 年和 2016 年帮扶单位的产业扶贫主要涉及茶叶和油茶管理。通过项目和帮扶单位帮扶，茶叶的品质得以提升。帮扶单位出资出力，举办技术指导会、现场培训；

给老百姓提供有机肥；通过奖补（奖励补贴）方式调动老百姓种植油茶的积极性。

环保：有一个亚行的投资项目（环保项目），打算投资 300 万元（资金还没有到位），但是现在只是前期的调研工作。

修建垃圾池（现在有 7 个），然后集中处理；不能集中处理的垃圾，要求村民自己挖坑掩埋。垃圾池修建方面，政府出资 1/3，老百姓自筹 1/3，帮扶企业投资 1/3。一个池每年的管理费用为 1200 元。因为涉及饮用水源，所以大家都有环保意识。林业管护人员负责巡山时的垃圾收集和管理。自建沼气池、化粪池处理污水。

致贫原因：基础设施条件差，采用生态扶贫搬迁、危房改造和易地搬迁。集体经济是新街村最薄弱的环节。这两年依靠帮扶单位项目支撑和 1 个合作社（帮扶单位介绍的）租本村的荒滩荒地（农业开发、旅游观光、果树）带来一年 5 万元的收入，以前只有国家 375 元退耕还林的补助。

精准扶贫存在的问题。

数据、软件、资料烦琐，如果能精简更好。要求三小本，村里一本，农户一本，自己留一本。入户填动态表，还要拍照。与农户联系还有次数要求。

把基础设施、产业、教育、医疗问题解决好才行。两年的帮扶过程中，第一年群众淳朴，第二年产生依赖性、钻政策的空子。整个帮扶工作要有序，不能齐抓总管。

2016 年整村脱贫。下一步计划通过招商把集体经济做起来，巩固现在的成效。把集体经济做起来，带动更多的群众提高收益。两年脱贫，主要是因为基础设施做得好，交通更方便，并且省去了修路支出。医疗保险问题不大，人们意识提高，基本上都能接受；养老问题也不大，人们都能接受。有村卫生室。老年活动中心由帮扶单位提供。娱乐活动有恩施连响、摆手舞、篝火晚会等。杨家山是 14 万元建房，6 万元经济扶持。有人担心搬家后自己没地种，但更多的人不想种地，想搬家，因为可以出外务工。搬家的，地也不会被收走。留守妇女儿童比较少，偏远地方多是全家都外出务工，也有去州城打工的，早出晚归。

参考文献

葛志军、邢成举:《精准扶贫：内涵、实践困境及其原因阐释——基于宁夏银川两个村庄的调查》,《贵州社会科学》2015年第 5 期。

郑瑞强、曹国庆:《基于大数据思维的精准扶贫机制研究》,《贵州社会科学》2015 年第 8 期。

莫光辉:《精准扶贫：中国扶贫开发模式的内生变革与治理突破》,《中国特色社会主义研究》2016 年第 2 期。

贺东航、牛宗岭:《精准扶贫成效的区域比较研究》,《中共福建省委党校学报》2015 年第 11 期。

刘解龙、陈湘海:《精准扶贫的几个基本问题分析》,《长沙理工大学学报》（社会科学版）2015 年第 6 期。

左停、杨雨鑫、钟玲:《精准扶贫：技术靶向、理论解析和现实挑战》,《贵州社会科学》2015 年第 8 期。

董家丰:《少数民族地区信贷精准扶贫研究》,《贵州民族研究》2014 年第 7 期。

李鹍、叶兴建:《农村精准扶贫：理论基础与实践情势探析——兼论复合型扶贫治理体系的建构》,《福建行政学院学报》2015 年第 2 期。

李春明:《精准扶贫的经济学思考》,《理论月刊》2015 年第 11 期。

沈茂英:《四川藏区精准扶贫面临的多维约束与化解策略》,《农村经济》2015 年第 6 期。

吴晓燕、赵普兵:《农村精准扶贫中的协商:内容与机制——基于四川省南部县 A 村的观察》,《社会主义研究》2015 年第 6 期。

马楠:《民族地区特色产业精准扶贫研究——以中药材开发产业为例》,《中南民族大学学报》(人文社会科学版)2016 年第 1 期。

韩斌:《推进集中连片特困地区精准扶贫初析——以滇黔桂石漠化片区为例》,《学术探讨》2015 年第 6 期。

虞崇胜、余扬:《提升可行能力:精准扶贫的政治哲学基础分析》,《行政论坛》2016 年第 1 期。

〔印〕阿马蒂亚·森:《以自由看待发展》,任赜、于真译,中国人民大学出版社,2013。

习近平:《习近平系列重要讲话:青山绿水就是金山银山》,http://bj.people.com.cn/n2/2016/0509/c233086-28294543.html,2016 年 5 月 9 日。

王思铁:《用新理念处理好脱贫攻坚的重大关系》,http://www.zgxcfx.com/zhubiantuijian/88397.html,2016 年 7 月 25 日。

王剑强、汤凯锋:《精准扶贫重在创新基层治理》,http://www.ccnu.com.cn/meiti/2015/1025/14084.html,2015 年 10 月 25 日。

Lauer & Lauer, Social Problems & The Quality of Life, McGraw Hill Higher Education, USA, 2001.

Mingione Enzo, Urban Poverty and the Underclass, Blackwell Publishers, USA, 1999.

Parrillo Vincent N., Stemson John, Stemson Ardyth, Contemporary Social Problems, John Wiley & Sons, USA, 1985.

Pavalko, Ronald M., Social Problems, FEPeacock Publication Inc., USA, 1986.

Sen, A.K., Inequality Re-examined, NewYork: Russell Sage Foundation, 1992.

Sen, Amartya, Social Exclusion, Criticalquest, New Delhi, India, 2004.

Stone E. Michael, *Shelter Poverty*, Temple University Press, USA, 1993.

Sen, Amartya, Social Exclusion, Critical Quest, New Delhi, India, 2007.

参考文献

后　记

　　我国到 2020 年实现全面建成小康社会的目标的难点就在集中连片特困地区，这些地区多是革命老区、民族地区等，脱贫任务重，越往后脱贫成本越高、难度越大。习近平总书记在调研武陵山区时首次提出了"精准扶贫"的重要思想。中国社会科学院于 2016 年启动总课题立项，组织实施国情调研特大项目"精准扶贫精准脱贫百村调研"，由李培林领衔，组成强有力的研究团队，进行集体攻关研究，以服务中央决策和国家"十三五"规划精准脱贫大局，并为丰富中国特色社会主义理论提供经验素材、决策依据和政策支撑，客观上也为全国奋斗在扶贫攻坚一线的基层干部和广大读者深入了解我国扶贫攻坚最前沿的实践提供多视角的重要参考。

　　本课题按照全国百村调研特大项目指南要求，先后深入湖北恩施市屯堡乡的花枝山村、新街村、马者村、杨家山村、大树垭村等多个深山村进行调研摸底，最终选定了杨家山村为重点跟踪研究对象。该村是 2002 年由龙王塘、落业坝、伴云庵、杨家山、石院墙 5 个小村合并而成的，人口多、覆盖面广，人均可支配收入低，生态环境脆弱，脱贫任务重，课题组从 2016 年底开始对其进行调研。杨家山村位于湖北省恩施土家族苗族自治州湖北省西南部，鄂、湘、渝多省（市）交会处，属于全国集中连片特困地区武陵山区和国定扶贫开发重点县。武陵山脉绝大部分在恩施州境中南部腹地，惯称"八山半水分半田"。杨家山村是典型的少数民族聚居的贫困山村。本课题组先后多次对该村的基本状况、贫困状况及其演变、贫困成因、减贫历程和成效等进行系统研究，并结合该村特点进行了专题研究，为洞悉我国当前处于脱贫攻坚决战决胜最前沿的贫困村贫困状况、脱贫动态和社会经济发展趋势，以及总结汲取村组精准扶贫精准脱贫实践经验及教训，提供了有益的案例分享和政策借鉴。

本书在研究武陵山片区恩施州贫困问题的基础上，聚焦杨家山村精准扶贫实践，采用专项访谈、入户调研、问卷调查和实地考察等方式，重点对杨家山村的贫困状况、致贫原因及精准扶贫精准脱贫进展、减贫成效等进行了实地调研。调研发现，致贫返贫的首要原因是因病，其次是缺资金、交通等基础设施条件落后等，还有相当一部分贫困人口存在"等靠要"思想，缺乏发展生产的积极性，而大力发展产业是可持续脱贫的最重要的路径。此外，当地扶贫工作面临任务重、人手缺，贫困户精准识别存在误差，扶贫对策缺乏针对性、扶贫资源指向不准等问题。本书认为，在扶贫开发中，产业扶贫是重点，教育扶贫是源头，创新发展思路、创造发展机遇和发展环境，远比扶持某个贫困户脱贫致富更重要、更有价值意义。

　　本课题组由陈冬红、胡洁、吕峻、张珂珂、纪昆、高蕊、张文组成，课题历时三年多，如今完成结项并得以出版，离不开中国社会科学院总课题组及科研局协调办、中国社会科学院数量经济与技术经济研究所、社会科学文献出版社，以及湖北恩施屯堡乡党委政府、杨家山村党支部村委会等多方面的大力支持、指导和帮助，在此一并表示衷心感谢和深深敬意。正是杨家山村村民干部的理解和支持，让我们获得了大量第一手资料，为完成课题研究奠定了坚实的基础；正是屯堡乡党委、政府及扶贫办等的大力支持和帮助，尤其是乡党委政府主要领导高度重视，副乡长易东委员全程参与，扶贫办主任覃华召集座谈，以及乡干部李传银、曹象梅提供大量数据资料等，为我们的调研创造了必要的条件，也使我们的研究更加丰实有底气。在调研过程中，还要特别感谢村支书、主任肖玉军，村副书记、副主任黄远佐，驻村干部刘莉，村干部熊耀宽、唐木英等，以及那位骑着自家摩托带我们穿越崎岖山路到石院墙村民组等入户调研的没留姓名的村干部和 62 户农户，他们是那么朴实可敬、不辞辛苦，为本课题撰写提供了有力的支持和帮助。我们还要特别感谢本丛书主编、副主编以及科研局协调办王子豪主任、闫珺和田甜老师，他们给予本课题从确认立项到最后的出版认定全过程的悉心指导和全力支持帮助，以及檀学文等老师所做的各项后台工作。感谢中国社会科学院数量经济与技术经济研究所李平所长的审读指导，科研处韩胜军、张杰的辛勤付出，李欣对调查问卷的电子录入，以及办公室所做的各项后勤保障。

还要由衷感谢华中科技大学王国华教授、恩施自治州党委政研室（改革办）邓锐副主任的指导和引荐，感谢恩施市供销社主任向世莲的友情支持和帮助。感谢大唐集团董办张睍博士的鼎力支持。感谢课题组全体成员的同心协力。致敬所有关心支持本课题研究、本书撰写出版的同人。

　　由于水平所限，书中难免有缺憾和疏漏之处，恳请广大读者批评指正，不吝赐教。

陈冬红

2020 年 6 月

图书在版编目（CIP）数据

精准扶贫精准脱贫百村调研. 杨家山村卷：武陵山
深处的脱贫之路 / 陈冬红等著. -- 北京：社会科学文
献出版社, 2020.10
　　ISBN 978-7-5201-7503-6

　　Ⅰ. ①精… 　Ⅱ. ①陈… 　Ⅲ. ①农村-扶贫-调查报告
-新昌县 　Ⅳ. ①F323.8

中国版本图书馆CIP数据核字（2020）第203989号

· 精准扶贫精准脱贫百村调研丛书 ·

精准扶贫精准脱贫百村调研·杨家山村卷
　　——武陵山深处的脱贫之路

著　　者 / 陈冬红 等

出 版 人 / 谢寿光
组稿编辑 / 邓泳红
责任编辑 / 吴　敏

出　　版 / 社会科学文献出版社·皮书出版分社（010）59367127
　　　　　　地址：北京市北三环中路甲29号院华龙大厦　邮编：100029
　　　　　　网址：www.ssap.com.cn
发　　行 / 市场营销中心（010）59367081　59367083
印　　装 / 三河市尚艺印装有限公司

规　　格 / 开　本：787mm×1092mm　1/16
　　　　　　印　张：21　字　数：206千字
版　　次 / 2020年10月第1版　2020年10月第1次印刷
书　　号 / ISBN 978-7-5201-7503-6
定　　价 / 59.00元

本书如有印装质量问题，请与读者服务中心（010-59367028）联系